How Digital Transformation Transforms the Business

デジタル技術で、新たな価値を生み出す

DX人材の教科書

朝日新聞出版

はじめに

ヒトの問題で停滞するデジタル変革

デジタル技術によるビジネス変革（デジタルトランスフォーメーション＝Digital Transformation＝DX）は、いまやすべての日本企業の経営戦略の中核をなしています。新しい技術を使ってこれまでにない付加価値を生み出すこと、あるいは業務の生産性を高めることが、この時代における経営の最重要テーマとなっているのです。

一方、それを実際に推し進め、利益創出につなげられている会社はごくわずかです。そして、**私たち株式会社STANDARDが日本の大手企業を中心に480社以上のお客様のDX推進支援をするなかで、その原因のすべてが「DX人材の不足」に起因する**ことが明らかになってきました。

本書を手に取ったみなさんにも、以下のような場面で思い当たることがあるかもしれません。

- **どんな技術を自社のビジネスにどう使えばいいのかがわからず、施策のアイデアを出すことができない。**
- **アイデアが出てきても投資が回収できるのか、技術的に実現が可能なのかがわからず、投資に踏み切ることができない。**
- **投資判断がついても、社内に開発ができる人材、あるいはそれを委託した外部の会社をマネジメントできる人材がいない。**

本書は、ＤＸ人材の育成を通して、すべての日本企業に「ヒト起点」のデジタル変革を起こすことを最終的な目的としています。

私たちも「『ヒト起点』のデジタル変革をＳＴＡＮＤＡＲＤ（標準）にする」というミッションを掲げています。これは、本当の競争優位をつくるＤＸは、技術を扱う人材が知識とスキルを身に着けて着実に取り組まなければ実現できないという考え方を表しています。

これまで、ここを避けて適当なツールを購入するだけ、あるいは取り組みをコンサルティング会社やベンダーへ丸投げするだけで済ませようとして失敗してしまったというご相談を多数いただきました。

新しい技術が急速に進化する時代だからこそ、それを扱う人材の育成や組織作りにも重点的に取り組む。そうすることによって、着実に成果を上げられる会社が増える。**私たちは、そうした「ヒト起点」のアプローチを業界のSTANDARDにしていくことを目指しています。**

本書は『DX人材の教科書』というタイトルの通り、すべてのビジネスパーソンが市場価値の高いDX人材となるための教科書となることを目指して執筆しました。具体的には、以下のような内容が盛り込まれています。

第1章　**DX人材なしでは、今後のビジネスは成功しない**
DXの必要性や人材不足の現状、DX人材に求められるスキルを解説。

第2章　**DXを難しく考えるな！　目的はシンプルに「顧客に価値を与えること」**
DXの意味や具体的に何をすればいいのかを解説。

第3章 **「企画・組織・開発」3つの失敗を乗り越えればDXは成功する**
DXの推進を阻むハードルとその乗り越え方を解説。

第4章 **DXプロジェクトの「企画力」がすべての社員に求められる**
DXプロジェクトの企画を考えるプロセスを解説。

第5章 **脱・DXごっこ！ 価値あるPoCを進める方法**
「PoC（概念実証）から次のステップに進めない」という課題の原因と対処法を解説。

第6章 **必ず身に着けるべき「アジャイル型のマインドセット」とは？**
アジャイル型のマインドセットを持ち不確実性をコントロールしながら成果を出す方法を解説。

第7章 **9業界・45個の業界別DX事例から学ぼう**
プロジェクト企画のヒントになるようなDX事例を解説。

最後に、私たちが一体何者なのかというお話を少しだけ。

私たちは、さまざまな業界の最大手のクライアントを中心に480社以上のDX推進を支援している会社です。2017年の創業以降、ソフトバンク様・NTTデータ様・パナソニック様・リコー様・みずほフィナンシャルグループ様など、多くの会社様に人材育成、コンサルティング、プロダクト開発を一気通貫でご支援して参りました。

いまでこそ多くの実績がついてきましたが、もともとは東京大学を拠点としたAIエンジニアサークルを母体とする学生ベンチャーでした。そこの運営メンバー3名が共同創業をして、いまに至ります。

創業のきっかけは、後輩のスキルアップのために作っていたAI開発を学ぶWeb教材について、とある通信大手の会社様から社内研修に使わせてほしいというご要望をいただいたことでした。この取り引きのために立ち上げた法人が弊社です。

それ以降、さまざまな会社様から「ビジネスパーソンの育成もやってほしい」「コンサルティングや開発もお願いできないか」というご要望もいただくようになり、そこに1つひとつ応える形でラインアップを増やし続け、現在に至ります。

物心ついたときから知っている大企業様に、若輩者の私たちが指導をさせていただくというのは、何とも不思議な気持ちです。しかし、私たちは、このような体験を**「新しい知識やスキルについて積極的に学び続ければ、誰でも社会に必要とされる人材になれる」**ことの証拠だと、前向きにとらえています。

このような立場だからこそ、私たちは、本書を手に取ってくださった皆様と近い目線で語らうことができると考えています。これが、本書『ＤＸ人材の教科書』の掲げるコンセプトです。

本書が、１人ひとりの読者様のご活躍と、所属される会社様の発展の一助となることを祈念しております。

２０２１年４月

株式会社ＳＴＡＮＤＡＲＤ　代表取締役ＣＥＯ　石井大智

デジタル技術で、新たな価値を生み出す
DX人材の教科書

CONTENTS

第2章
DXを難しく考えるな！目的はシンプルに「顧客に価値を与えること」

第3章
「企画・組織・開発」3つの失敗を乗り越えればDXは成功する

第4章 DXプロジェクトの「企画力」がすべての社員に求められる

第5章 脱・DXごっこ！価値あるPoCを進める方法

第6章 必ず身に着けるべき「アジャイル型のマインドセット」とは？

第7章 9業界・45個の業界別DX事例から学ぼう

装丁：小林祐司
写真：張　溢文（朝日新聞出版　写真部）

第1章

DX人材なしでは、今後のビジネスは成功しない

ＤＸがビジネス課題として突如現れたワケ

さて、そもそもなぜＤＸが近年ビジネスの重要課題として浮上してきたのでしょうか。それは、技術進化にともなう社会の変化速度が、日に日に加速していることが大きな要因として挙げられます。

また、２０２０年からのコロナ禍が象徴的ですが、自然災害や政治経済でも１００年に１度レベルといわれるような想定外の危機が、世界中で毎年のように起きています。たとえば、地球温暖化にともなう異常気象や、地震や津波のような自然災害。ブレグジット（イギリスのＥＵ離脱）や米中新冷戦などの政治経済的な対立です。

つまり、**自然災害や政治経済の劇的な変化、技術のイノベーションによって、世界的に社会状況がどんどん変わっていく時代に突入しているのです（図１－１）。**それは必然的に顧客のニーズが次々と変化していくことを意味します。

この流れは、今後さらに加速していきます。

図1-1　DXが世界的に加速する仕組み

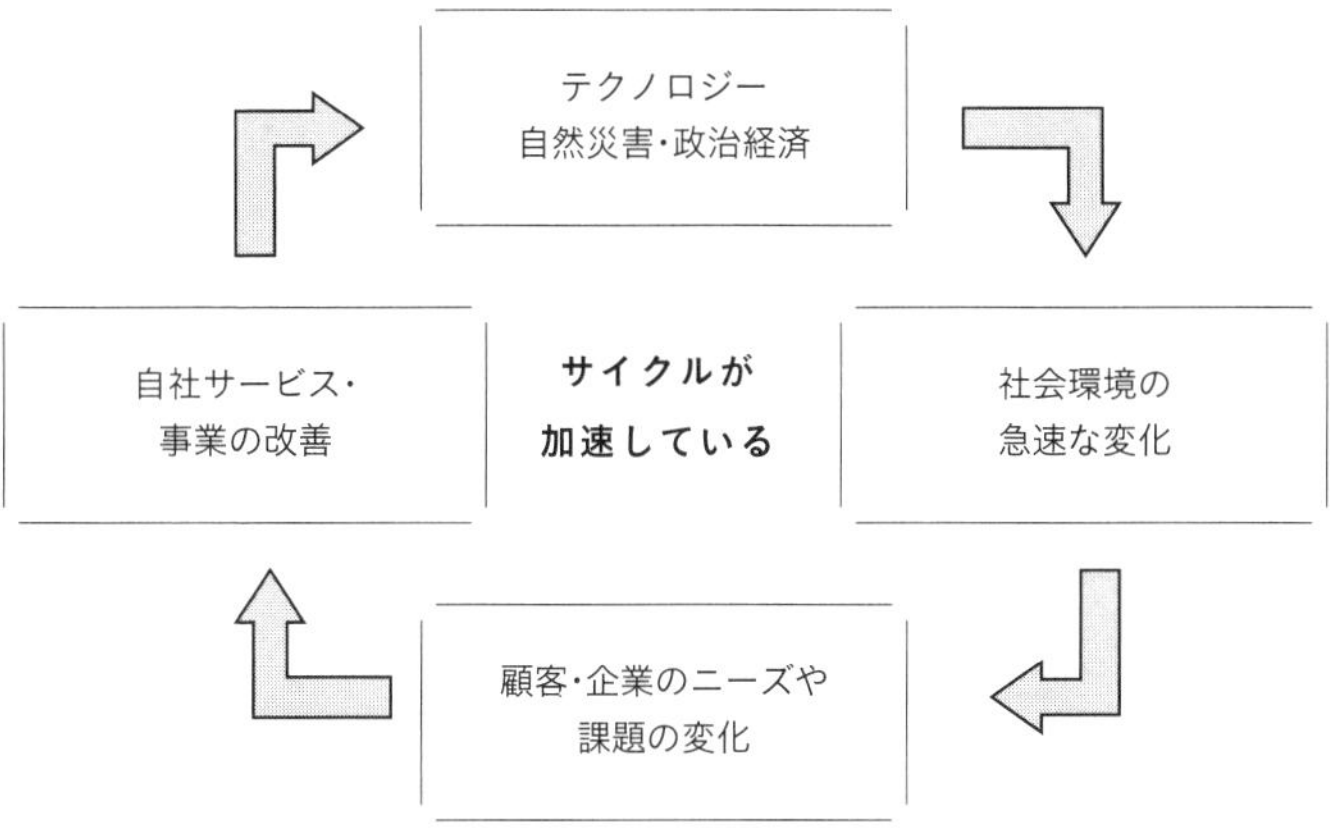

そのため、今日のビジネスにおける成功の法則は、刻々と変化する顧客のニーズをきちんとキャッチするところにあります。そして、**キャッチした顧客のニーズに合わせて自社のモノなりサービスなりを、素早くブラッシュアップしながら変えていく必要性が、世界的にこれまで以上に高まっているのです。**これは、どんな規模の会社にも当てはまります（コロナ禍でWeb会議サービスのZoomやオンラインフードデリバリーサービスのUber Eatsなどが日本で一気に普及したのはそのわかりやすい例といえるでしょう）。

この変化に順応するための最大のポイントは、DX人材の有無です。松下電器産業（現パナソニック）の創業者である松下幸之助氏は「企業は人なり」という言葉を遺しました。あまりに有名な言葉ですが、やはり企業における最大の資産は人です。時代の変化に合わせて、スキルも変化しなくては、企業も人も生き残ることができません。

よくメディアで「10年後になくなる職業」というテーマを見かけますが、その本質は「デジタル技術を活用して大きな成果を出せる人と、そうでない人の格差が広がる」ということです。たとえば、乗り物の主役が馬車から自動車に交代する転換期には、馬車にかかわる人と自動車にかかわる人の格差はどんどん広がったでしょう。「移動したい」という顧客ニーズがより便利・快適な自動車へと急速にシフトしたわけです。

技術や社会の変化に合わせて、企業や社員が変化できるかどうかで、10年後の未来は決まります。

メディアには連日のように「DX」や「デジタル」といったキーワードが出てきており、取り組みを本格化している企業もありますが、実際に成果が出ているような事例はまだ少ないのが現状です。むしろ、**これから数年間でどのくらい真剣にDXに取り組めるかで、絶好の機会を生かせるのか、成果を出せず見送るのかが決まってくるでしょう。**

日本企業はいまDXという転換点を迎えています。だからこそ、ほぼすべての大企業が経営戦略の中核に据えているのです。

世界の主戦場であるソフトウェアへ移行できるか

ビジネスの成長モデルの質的な変化も起こっています。それは端的にいうと、**「ハードウェアからソフトウェアへの移行」**です。マーケティング分野でよくいわれる「モノからココロへ」という消費者意識の変化はこの表裏の表現といえるでしょう。

日本でいえば、昭和から平成までは、やはり自動車産業などを中心とした「モノ作り」が経済における主戦場でした。大量にモノを作って、それを国内外の津々浦々に広げていく。その過程で日本はどんどん豊かになりました。これがハードウェア的な成長モデルの典型です。ところがモノが日本中にひと通り行きわたったことで、すでに物質的には充足してしまった。つまり、昔のような「モノ作り」は、もはや日本の豊かさを牽引できなくなっているのです。

では、いまの経済における主戦場はどこか。それがいわゆるデジタル空間、ソフトウェアサービスです。情報通信産業はもちろん、小売りにしろ金融にしろ運輸にしろ、オンライン

図1-2 | 世界時価総額ランキングにおける日本企業の割合の推移

	平成元年		令和3年3月	
順位	企業名	国名	企業名	国名
1	NTT	日本	アップル	アメリカ
2	日本興業銀行	日本	サウジ・アラビアン・オイル	サウジアラビア
3	住友銀行	日本	マイクロソフト	アメリカ
4	富士銀行	日本	アマゾン・ドット・コム	アメリカ
5	第一勧業銀行	日本	アルファベット	アメリカ
6	IBM	アメリカ	テンセント・ホールディングス	中国
7	三菱銀行	日本	フェイスブック	アメリカ
8	エリクソン	アメリカ	アリババ・グループ・ホールディング	中国
9	東京電力	日本	台湾積体電路制造	台湾
10	ロイヤル・ダッチ・シェル	アメリカ	バークシャー・ハサウェイ	アメリカ
11	トヨタ自動車	日本	テスラ	アメリカ
12	GE	アメリカ	ビザ	アメリカ
13	三和銀行	日本	サムスン電子	韓国
14	野村證券	日本	ジョンソン&ジョンソン	アメリカ
15	新日本製鐵	日本	貴州茅台酒	中国

出典:Bloomberg社

に紐《ひも》づくデジタル技術の活用抜きには事業が成り立たなくなっています。また、自動車にしろ家電にしろ、設計・開発や製造ライン、商品の機能面でもデジタル技術の活用は必須になっています。商品の流通管理や顧客調査などでもそうです。しかも、デジタル技術は日進月歩でアップデートしているのです。

平成元（1989）年と令和3（2021）年3月の、世界全体の企業における「時価総額ランキング」のトップ15を比較した**図1-2**を見てください。平成元年には約7割が日本企業で占められていましたが、令和3年3月のランキングに、日本企業は1社もランクインしていません。

2020年7月には、**アメリカで電気自動車を販売しているテスラ社の時価総額が、日本が誇る世界的な企業であるトヨタ自動車の時価総額を追い抜きました。**しかも、テスラ社の年間販売台数は、トヨタの30分の1程度なのにもかかわらずです。2021年の2月には、時価総額が80兆円を超え、トヨタの26兆円と比較して3倍以上の差がついています。

テスラ社の製品は車版iPhoneと呼ばれており、タッチパネルやソフトウェアが搭載されています。電話機からスマホに変化したように、車というハードウェアがソフトウェア化されることによるインパクトを、資本市場が評価しているともいえるでしょう。

時代の変化とテクノロジーの変化はお互いに影響し合います。たとえば、地球温暖化対策として電気自動車へのシフトが急がれ、そのテクノロジー開発が加速する。スマホやＳＮＳの普及が民主化運動を加速するといった関係です。新型コロナ対策でも接触履歴の分析など、さまざまなデジタル技術が活用されました。

要するに、**両者の相乗効果によってその変化のスピードは加速し、必然的に顧客のニーズの変化のスピードも加速している**というのが、今日のビジネス環境といえるのです。そうした変化のスピードに自社の変化のスピードをいかに合わせていくか。この大きな課題に対する取り組みがいま、企業が生き残るうえで必要不可欠になっているのです。

特にオンラインでサービスを顧客に提供しているデジタルネイティブのプレーヤーにとっては、次々に出てくる顧客の課題について、いかに速いスピードで改善し続けていくかが、死活問題になります。

たとえばＺｏｏｍは、コロナ禍によってユーザーが一気に増えたことでセキュリティー上のトラブルが続発しましたが、それを素早く改善したからこそ、順調にユーザーを増やし、強大なマイクロソフトやＧｏｏｇｌｅのサービスに対抗できたといえるでしょう。

しかし、日本ではデジタル技術やソフトウェアの活用がかなり遅れていることもあって、DXがビジネスの重要課題として近年、ようやく浮上してきたわけです。

日本が「DX後進国」である本当の理由

では、なぜ日本企業のDXは遅れてしまったのでしょうか。**一番のボトルネックは「デジタル技術を活用できる能力のある人材が社内にいない」**ということです。

これまで多くの日本企業では、デジタル技術、特にICT（情報通信技術）を主に活用するのは、いわゆる情報システム部門でした。経営的には、そうした部門をコストセンター的に扱うことがほとんどで、どんどん外部化してきた歴史があります。

その結果、いわゆる**IT人材の約7割がITベンダー（外部）に所属し、約3割が企業（内部）に所属するという状態。**この比率は欧米では逆で、約3〜4割が外部、約6〜7割が内部といわれています**（図1-3参照）**。

日本の大企業の多くが従来「モノ作り」のビジネスモデルがメインのため、ITを活用し

図1-3｜日米、欧州等のIT企業・IT企業以外における情報処理・通信に携わる人材の割合

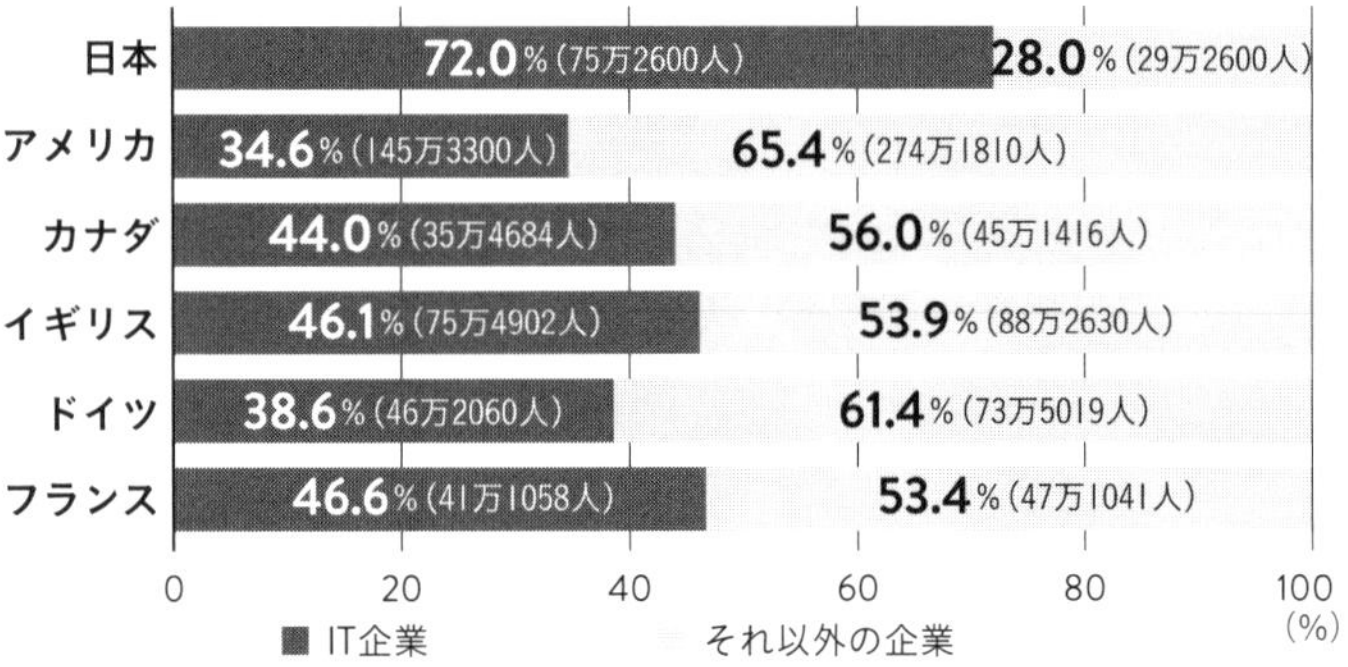

出典：IT人材白書2017年

て稼ぐという攻めの分野（＝事業部門）にする発想がなく、それはしょせん守りの分野（＝管理部門）という発想だった。だからどんどん外注してきた。その結果、ＩＴベンダーにエンジニアが集中したわけです。

先に述べたように、**デジタル化する社会では、顧客のニーズの変化に合わせて、よりスピーディーにサービスを変えていかないといけません。**けれども、多くの日本企業がＩＴなどのデジタル技術を担う部門をビジネスの現場から切り離してしまった。そのために全体の構造として、**「ビジネスサイドにはデジタル技術を活用できる人材がいなく、エンジニアサイドにはビジネスを理解している人材がいない」**という、いわば分断状態になっています。なので、素早く顧客のニーズに対応したくても対応でき

ない状態になっているのです。

つまり、**いまの日本には「デジタル技術と現場の課題を結びつける人材」が相当不足しているわけ**です。

これが日本のDXをめぐる現状であり、DXが思うように進まない最大の原因でしょう。DXを加速するには、DXを担う人材の育成を加速するしかありません。本書で強調したいのは、とりわけこの点です。世間一般でよくいわれる「エンジニア不足」も課題ではありますが、**より深刻なのは、「ビジネスサイドの人材不足」というのが本書の問題意識のコアなのです。**

2021年以降、日本企業はDX推進をどう進めるべきか

私たちが創業したSTANDARDは「AI元年」と呼ばれる2017年にスタートしました。以来、ビジネスサイドの担当者（デジタル推進室や経営企画室など）を窓口に3000社を超える企業とヒアリングを重ね、これまでに480社以上にサービスを提供しています。

図1-4 最近5年のDX関連年表（とSTANDARDの動き）

2017年	AI元年（**➡AIエンジニアの育成事業からスタート**）
2018年	経済産業省がDXレポートを発表・多くの企業がPoCに取り組む （**➡AIプロジェクトを推進できる人材・育成の事業**）
2019年	DXという言葉がメディアで取り上げられる・AIが幻滅期へ突入 （**➡DXのコンサルティング・開発までカバーできる事業展開**）
2020年	DXレポート2の発表、県レベルでもDX戦略の公開 （**➡DXの内製化を支援するための複数の事業を展開**）
2021年	デジタル庁の創設、DXへの取り組みの本格化 （**➡デジタル技術を活用した新規事業の支援サービスの開始・自社のグループ会社としてDX企業を設立**）

２０１７年はＡＩ研究がニューラルネットワークやディープラーニングといった技術によって画期的なブレイクスルーを迎えた年です。ごく簡単にいうと、実用化を加速させるうえで必須となる「ＡＩのアルゴリズムの進化」「データとストレージ容量の増加」「計算機の処理能力の向上」という3つの技術革新が出そろい、社会実装の本格化が進むタイミングでした。

ＡＩを活用していくうえでは、大量のデータとその処理が必要になります。スマホやセンサーデバイス、さまざまなアプリケーションが普及することで、学習に使うデータが格段に取りやすくなり、ストレージの容量も大幅に増えました。さらに大量のデータをＡＩに学習させるための計算能力の向上に加え、ＣＰＵ（中央処理装置）での演算も可能になり、学習上のコンピューティングコストが大幅に削減されたのです。

そうした追い風がありながらも、ヒアリングをはじめた当初は「ＤＸをやらないといけないとは思っているけれども、一歩踏み出せない」という企業が多数派でした。**一歩踏み出せない一番の理由は、「どのように推進すればよいかわからない」**というもの。社内に人材がいないせいもあって、具体的なプロジェクトの進め方のイメージがつかめなかったのです。

さらにＤＸ自体、２０１７年当時は多くの企業で中長期的な課題として受け止められていました。「ＤＸに対応できないことは、5年先、10年先には経営を危うくするだろう」という、優先順位が低い類いのリスクとして認識されていたのです。

実際、ある大手流通企業にヒアリングに行って驚きました。ホームページを見ると中期経営計画のなかに、デジタル戦略と題して「○年にはこうなります」と数ページも割いて書かれていた。そこで担当役員に「このプロジェクトは、いまどんな感じで進んでいますか？」と尋ねてみると、「ああ、そういやあ、そんなことも書いたねえ」という、じつに呑気《のんき》な答えが返ってきたのです。

「業界トップクラスなのに、大丈夫か」と心配になりましたが、これが日本の大手企業の体質なのかもしれません。目の前に見えるリスクには自分ごととしてとらえて素早く対処する。

しかし、中長期的なリスクは、なかなか自分ごととしてとらえることができず、その備えも先送りになりがちです。

だからＤＸにチャレンジする企業は少数派だったのでしょう。「何かよくわからないけれども、取りあえずやってみよう」とは、なかなかならないものです。そうなる背景には、そもそも**「経営層がＤＸの価値を認識していない」という問題がありました。**

その認識がいま、大きく変わってきています。ＤＸ推進室のような部署も増え、コロナという脅威がきっかけにもなり、担当者にとってはＤＸを進めるチャンスといえます。

ただし、最初から大幅に変えようとすると社内の抵抗も大きくなることは、２０１７年もいまも変わりません。相変わらず「アナログでうまくいっているのに、なんで？　デジタルにしたら、かえって混乱するだけだ！」などと拒絶されるパターンが非常に多い。慣行を変えることへの拒否反応や社内の縄張り意識などによって、入り口のところで停滞し、現状維持のアナログが続いてしまうのです。

なので、ＤＸの担当者は決して焦ってはいけません。詳しくは本書で述べていきますが、社内でゼロからＤＸを進める際には、抵抗の少ないところから確実にデジタル化していくこと。**まずは１個、小さいことでかまわないので成功事例をきちんと作っていくことが重要で**

す。それは攻めの分野でも守りの分野でも、1つの部署の業務でもかまいません。

何かしらのデジタル系のプロジェクトをはじめて、何かしらの成果を出す。そして、その成功事例をきちんと社内に広げていって、**「デジタル技術はすごく役に立つし、自分たちも便利になるよね」という実感を全社的に認識として共有してもらう。**これが必要不可欠なプロセスでしょう。

一番ダメなのは「DXでビジネスモデルを変えるべきだ！」なんてことを言い出し、最初から大規模な変革を起こそうとするパターンです。何事も、基礎が重要です。基礎ができていないのに、いきなり応用をしてうまくいくわけがありません。数学の公式を1つも知らないのに、いきなり入試問題に取りかかる人はいないでしょう。まずは、**デジタル技術を使って価値を生み出すための土台となる知識やスキルを身に着けたうえで、1歩ずつステップアップをしていくことが、成功のコツです。**

いまが絶好のDX推進のチャンスとはいえ、やはり具体的なプロジェクトを地道に企画・実行しながら、着実に社内を説得していくことが大事なのです。本書では、こうしたDXを推進するうえでの心構え的なところから、より実践的なプロジェクトの進め方まで詳しく説明していきます。

DXリテラシーを備えた社内人材の育成が急務に

ここ数年のDXへの取り組みのなかで、特にAIの活用は一通り何かしらのチャレンジ、アクションに移した企業というのが、だいぶ多くなってきました。

だからこそ**「二極化」が起こっているのが現状でしょう。**2017年頃に「AI、AIと騒いでいるから、とりあえず我が社もやってみようか」と、さまざまな企業が何かしらのプロジェクトを行ったものの、その多くが「ああ、やっぱりダメなのか」という失敗体験をした。そして、いわば軽いノリでAIのプロジェクトに取り組んでいた企業は、再チャレンジすることを諦めてしまっています。

一方で、その失敗から何かを学び、「こういうふうにやっていけば、今度はうまくいくだろう」ととらえ直して、より本質的な成功（攻めの分野でのDX）に近づけていこうと、AI活用にチャレンジし続けている企業、成果を上げている企業があります。

こうした企業の「マインドセット」の違いのほか、AIに投資する資金力があるかどうかも二極化の原因でしょうが、**それよりも大きいのはやはり人材不足です。**

試行錯誤してわかったDX成功のポイント

2017年頃は、DXの担当者のなかにさえ「AIってドラえもんでしょ？」などと思っている人もいました。AIやデジタル技術に関する知識がなく、期待値だけが高すぎて、「いますぐ何でもできる」と思っている人が2割くらいいたのです。

私たちは当時、AIエンジニア向けのオンライン教育サービスを提供していました。企業のなかで不足していたAIエンジニアを3カ月で育成するような講座です。多くの企業でニーズがあり、こつこつ育成に取り組んでいましたが、話を聞いてみると、どうも肝心のAIのプロジェクトがうまく進んでいないようでした。

「こんなにAIエンジニアを育てているのに、なんでプロジェクトが成功しないんだろう？」

担当者にヒアリングを重ねたところ、原因はプロジェクトの「体制」にありそうでした。一番の問題は、**プロジェクトの企画を立案する主要メンバーがエンジニアで、ビジネスサイドの現場課題を理解している人がまったくいなかった点です。**

エンジニアだけでプロジェクトの企画を考えると、どうしても企画内容が技術に偏りがちです。**「誰がどんな課題を持っているのか？」というビジネス視点が不足**していたせいで、プロジェクトの実行面もうまく進んでいなかったのです。

そこで、ビジネスサイド向けにＡＩリテラシーを身に着けてもらうような新しい教育メニューを開発しました。そもそもＡＩとは何なのか？　どんなことができるのか？　通常のシステム開発とは異なるＡＩ開発特有の性質は何なのか？　といった知識をきちんと理解するところから学んでもらうような講座です。

この講座をエンジニア講座とあわせて提供することで、ビジネスサイドとエンジニアサイドの人たちが、共通言語を持ち、ともに議論しながら進められるような組織体制構築ができるようになりました。その効果は歴然で、どの企業もプロジェクトがうまく進むようになったのです。

私たちはこのような経験を通して、**企業でのＤＸ推進やデジタル技術の活用を成功させるためには、ビジネスサイドの人たちにリテラシーを持ってもらい、ＤＸ人材になってもらうことが必要不可欠であるという結論に至ったのです。**

さて、ＡＩを活用したい企業の数とＡＩを開発できるベンダーの数はどちらが多いか。後者のほうが圧倒的に少ないことは容易に想像できるでしょう。そんななか、ＡＩベンダーは「ＡＩって何？」という状態の企業とのＡＩ開発プロジェクトに積極的に取り組むでしょうか。

当然ながら、説明する手間ばかりかかって話がなかなか前に進まないＡＩリテラシーの低

図1-5｜ビジネスサイドのDX人材

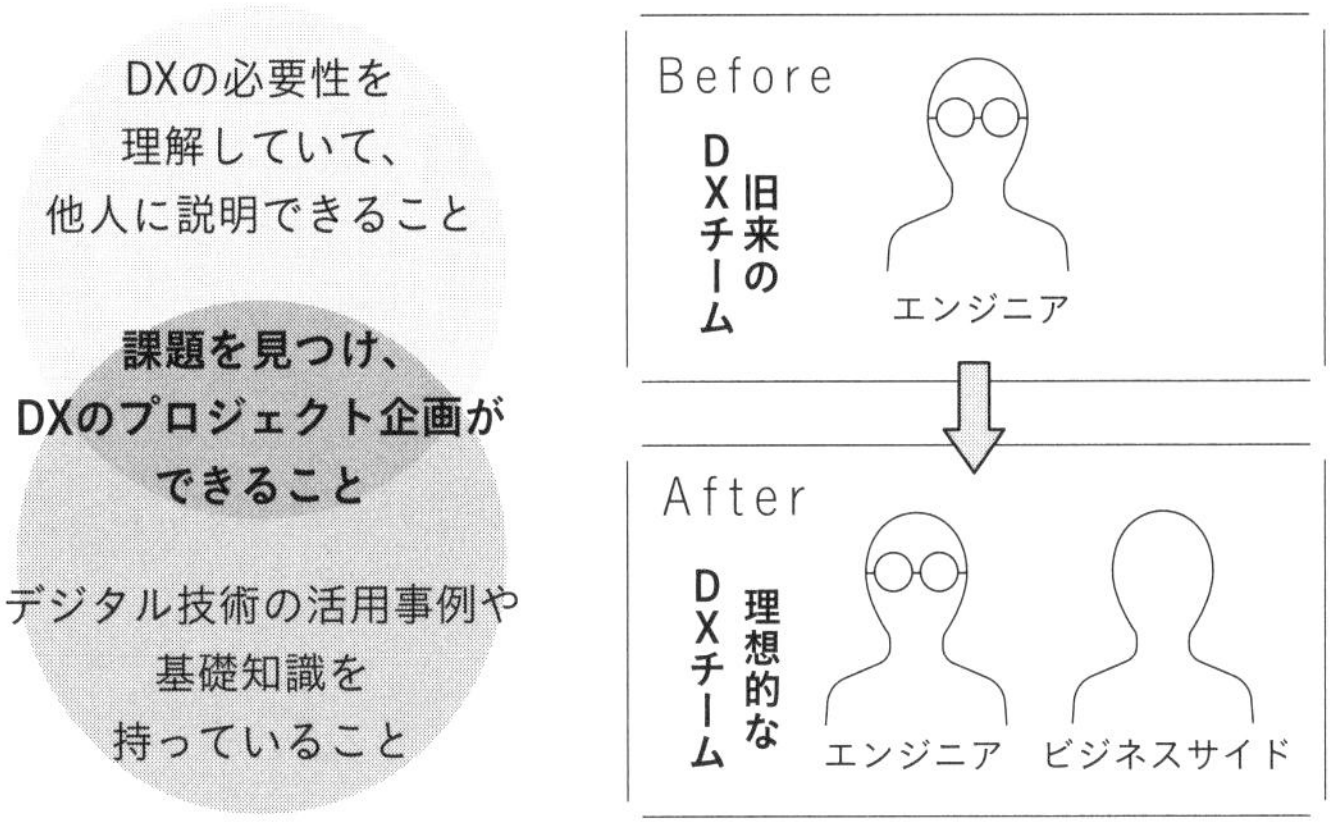
DXの必要性を
理解していて、
他人に説明できること
課題を見つけ、
DXのプロジェクト企画が
できること
デジタル技術の活用事例や
基礎知識を
持っていること
Before
旧来の
DXチーム
エンジニア
After
理想的な
DXチーム
エンジニア
ビジネスサイド

いお客さんの優先順位は下げざるを得ません。AIベンダーにとっては、よりAIリテラシーの高いお客さんを優先したほうが仕事的に楽だし、成果を出しやすいわけです。

つまり、AIリテラシーを備えた人材のいる企業は、AIベンダーとのやり取りがよりスムーズになって、どんどんプロジェクトが進んでいく。一方、AIリテラシーを備えた人材のいない企業は、実績を残したいAIベンダーに避けられてしまうので、プロジェクトが進まないどころか、着手すらできない。なので、AI活用の企業間格差がどんどん広がっていき、二極化してしまったのです。

この格差を埋めるには、やはりデジタル技術を付加価値に変換できる「ビジネスサイドのDX人材」を社内で育てていくしかないでしょ

う。求められるスキルについては章を追って解説していきますが、**図1-5**に、ひとまず簡単にまとめておきます。

DX格差が広がったころには手遅れに

DXが加速するなかで、AIベンダーの需要も飛躍的に高まり、AIベンダーが企業を選ぶ状況になっています。トップレベルの専門会社だと単価1億円以上の案件しか受けないともいわれています。そうした発注者・受注者の力関係のせいもあって、悪質なケースも存在します。

ヒアリングをした企業には、大手の海外ベンダーに正式にAI開発を発注したものの、ベンダー側がまったく開発していないのか、1年半くらい何も成果物が出てこず放っておかれているケースもありました。

発注側はAI開発のことをあまり知らないので、それが技術的に難しいのかどうか、どのくらいの期間が必要なのか、滞っているのは誰のせいなのか、どの工程がボトルネックになっているのかといったことがよくわからない。だから、とりあえずお願いし続けるしかない。その間、契約した料金も払い続けているというのです。

そこでどんなプロジェクトか聞いてみると、技術的にはそんなに難しくなく、3カ月ほどで開発できそうな案件でした。海外ベンダーにしたら、AIリテラシーのない日本の大企業は「いいカモ」というわけです。ずるずる先延ばしにしているだけでお金が入ってくるのですから。

こういうわかりやすい悪質なケースは、以前に比べると減ってきました。しかし、**社内の人材不足が時間のロス、そして費用のロスを生むという構造は何ら変わりません。**こうしたロスは、もちろんAI開発に限らず、どんなDXにおいても起こりえます。なので、**きちんと発注側がDXにかかわるリテラシーを持つことが必要なのです。**それによってのみ、時間と費用のロスを未然に防ぐことができます。社内にDX人材がいない限り、カモにされてしまうリスクはつきまとうでしょう。

もちろん、その防衛策として、DXに精通した外部人材を採用したり、コンサルタントを利用したりする企業も増えています。ただし、コンサルを入れただけでは短期的な成果にとどまります。継続して企業が成長していくためには、**やはりDXにかかわる知見やノウハウをしっかり内部の資産、学びにしていかなければいけないでしょう。**そういうマインドセットを持っている企業が増えており、その差も成長力の差として表れはじめています。

だからこそDX人材を企業のなかで内部化して、ノウハウが社内に蓄積されるような状態を作っておくべきなのです。創業わずか3年の会社にもかかわらず、私たちSTANDARDの教育メニューをご活用いただく企業が480社以上に増えたのも、そうした「成長格差」に対する危機感の表れだと思っています。

2017年頃は、「よくわからないから、ひとまず勉強してみよう」という、いわば軽いノリでの利用が多かったのですが、最近は、AI開発に一度チャレンジして失敗した企業が、**本気で「これから成功するためには何が必要なのか」と考え、DX人材の育成に乗り出しているると感じます。**わずか1、2年の違いですが、確実にDXをめぐる企業間の競争は異なるフェーズに入っているのです。

DXはやはり投資余力のある大企業のほうが進んでいます。誰でも知っている大企業の30%ほどは人材育成も含めて本気で取り組んでいると思って間違いないでしょう。最近は、中期経営計画でDXを打ち出したり、DX部門を立ち上げたりする企業が増えてきました。

それでも、その取り組みはまだはじまったばかりといえます。3年から5年ほど経って、ようやく目に見えて業績に反映してくる類いのものだからです。ただし、**着実にDXを進めている企業だと、社内で同時に数十件ほどのプロジェクトが回っていて、それに必要な人材を各部門で育成しはじめています。**また、全社的にDXのリテラシーを高めるために、年

1000人、2000人という単位でリテラシー教育を行っている企業もあります。

つまり、**DXに関する企業間格差は、ここ3年くらいでますます広がってくる可能性が高いのです。**その危機感が大企業を中心にようやく共有されはじめているのが現状でしょう。

もちろん、残り70%の大企業が何もしていないわけではありません。これまで行ってきた「コスト削減のためのデジタル化」は続けています。ただし、そこにとどまっていては十分にデジタル技術を活用しているとはいえません。

裏返していうと、日本企業はまだまだデジタル化する余地が残っていて、生産性を上げる大きな可能性を秘めているということです。いますぐ使えるような普通のツールを導入するだけでも、決して小さくない成果を出せる企業が数多くあるのです。

それなのに、多くの企業でDXが進まないのはなぜか。その原因はやはり、「ビジネスサイドの人材不足」なのです。

DXを成功に導くためには、ビジネスサイドのDX人材が必要不可欠です。**理想をいえば、全社員がDXの基礎的なリテラシーを身に着けるべきです。**次章以降、DX人材に必要な知識やマインドセットなどを事例を交えながら詳しく解説していきたいと思います。

第１章のまとめ

- 社会が変化すると必然的に顧客のニーズも変化するため、企業は顧客の変化を正しくとらえ、自社の商品・サービスを素早くブラッシュアップする必要があり、それを「仕組み化」するためにDXが必要
- 日本企業のDXが進まない一番のボトルネックは「デジタル技術を活用できる能力のある人材が社内にいない」こと
- 「エンジニア不足」も課題だが、より深刻なのは、「ビジネスサイドの人材不足」。これにより、現場視点のプロジェクト企画が立案されず、実行も進まない
- DXに取り組む際に、最初から「ビジネスモデルを変える」などの大規模な変革を起こそうとすると失敗する。基礎ができてないのに、最初から応用をしてはいけない
- ビジネスサイドの人材が、DXリテラシーを身に着け、現場の課題を１つずつ着実に改善していくことから、日本企業のDX成功の道ははじまる

第2章

DXを難しく考えるな！目的はシンプルに「顧客に価値を与えること」

DXとは一体何なのか？

本章ではDXの目的について事例を挙げつつ解説していきますが、最初に改めてDXの定義を紹介しておきましょう。

経済産業省が2018年12月に出した「DX推進ガイドライン」によれば、DXとは「企業がビジネス環境の激しい変化に対応し、データとデジタル技術を活用して、顧客や社会のニーズをもとに、製品やサービス、ビジネスモデルを変革するとともに、業務そのものや、組織、プロセス、企業文化・風土を変革し、競争上の優位性を確立すること」です。

DXという言葉は、ITという言葉と似ていて、さまざまな定義があります。重要なのは、定義そのものではなく、自分が具体的な行動に移せるように、その内容をしっかり理解することでしょう。

経済産業省の定義は長くて活用しにくいので、私たちSTANDARDでは**「デジタル技術を活用して顧客に付加価値を与えられる組織・文化を創り続けること」**をDXの定義とし

図2-1｜顧客に付加価値を与えるプロセス

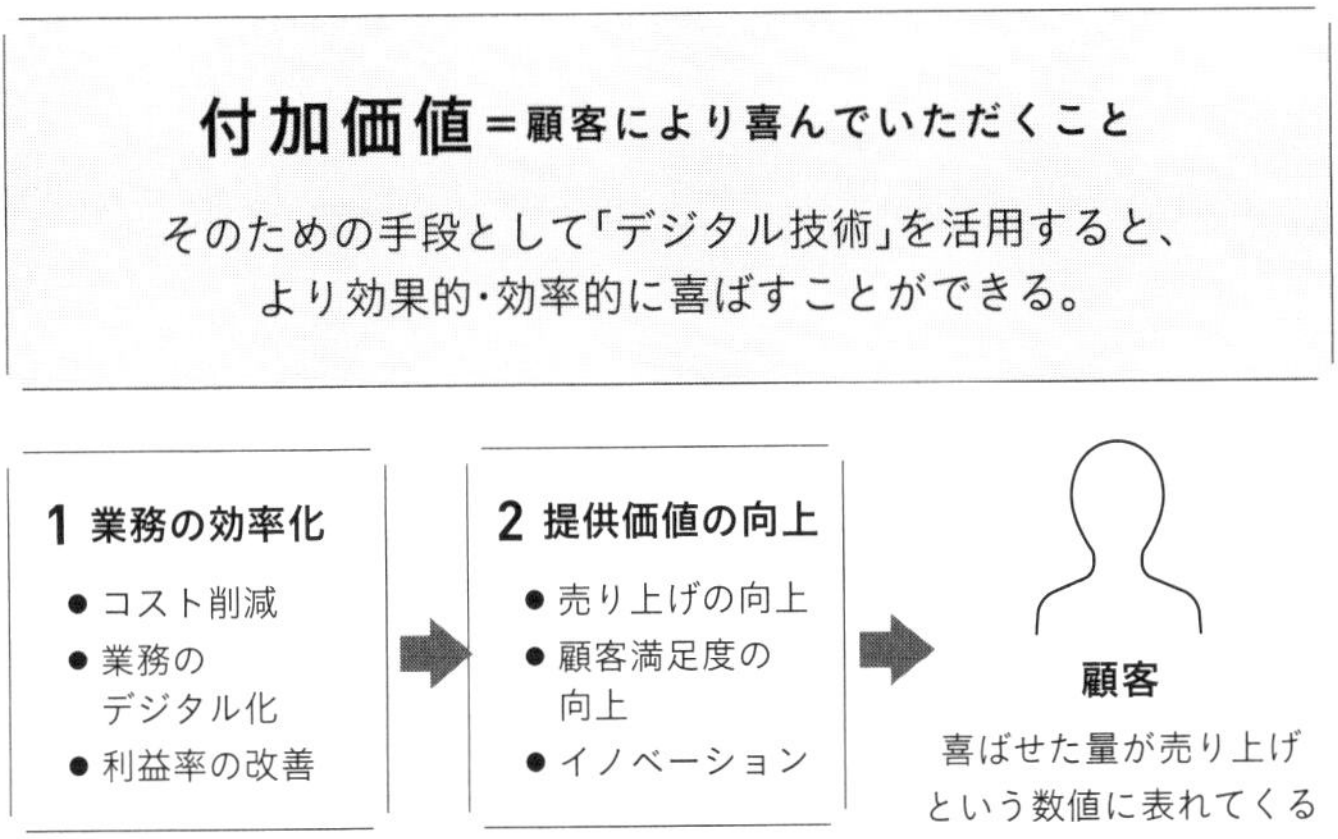
付加価値＝顧客により喜んでいただくこと
そのための手段として「デジタル技術」を活用すると、
より効果的・効率的に喜ばすことができる。
1 業務の効率化
● コスト削減
● 業務のデジタル化
● 利益率の改善
2 提供価値の向上
● 売り上げの向上
● 顧客満足度の向上
● イノベーション
顧客
喜ばせた量が売り上げという数値に表れてくる

ています。

この定義は、前半の「デジタル技術を活用して顧客に付加価値を与える」と、後半の「組織や文化を創り続ける」という2つの要素で構成されています。

前半にある**「付加価値」とは、端的にいえば「お客様に喜んでもらうこと」です。**つまり、デジタル技術を利用してより効率的・効果的にお客様に喜んでもらうことがＤＸの目的の１つというわけです。

こういうと、「そんなの当たり前じゃないか」と叱られそうですが、そもそも当たり前でいいのです。ビジネスというのは、相手に価値を与えて対価としてお金をいただく行為です。**この当たり前のことを、当たり前にできていたら**

DXなんて必要ありません。

しかし、これだけDXというキーワードが流行《はや》るのは、当たり前のことが当たり前にできていない、だからこそなんとかしたいという、多くのビジネスパーソンの危機感の表れではないでしょうか。

では、どうするとお客様により喜んでもらえるのか。**難しく考える必要はありません。DXでは、シンプルに、大きく①「業務の効率化」と②「提供価値の向上」という2つの内容に分けて考えます（図2-1参照）。**

業務の効率化とは？

①「業務の効率化」は、デジタル技術を利用してコスト削減や業務の省力化、利益率の改善などを行うこと。つまり**「ムリ・ムダ・ムラ」を減らすことで、よりお客様に喜んでもらうことに注力できる体制に変えることです（図2-2参照）。**

ムリは能力以上に負荷がかかっている状態（過度な残業など）、ムダは能力に対して負荷が

図2-2 | DXの目的①業務の効率化

業務の効率化＝下記3つを減らすこと

1 ムリ	2 ムダ	3 ムラ
能力以上に負荷がかかっている状態。自分の能力ではどうしようもできない状態。	能力に対して負荷が下回っている状態。価値につながらないような仕事や時間。	仕事が標準化されていない。優先順位が明確でない。さまざまなムリやムダが発生している。

↑

目標：デジタル技術を活用して、ムリ・ムダ・ムラを減らす

業務フローチャート作成/自動化/人件費削減/成果の可視化/情報共有ツール導入

下回っている状態（書類の手渡し、コピー取りなど）、ムラは仕事が標準化されていない状態（人によって優先順位が異なるなど）をそれぞれ指します。

ムリ・ムダ・ムラは、たとえば「紙による情報をデータに統一する」「業務フローチャートを作成する」「成果の可視化」「情報共有ツールの導入」など、比較的難易度の低いデジタル技術の利用でも、大幅に減らすことができます。

初めてDXプロジェクトに取り組む、あるいは失敗続きという場合には、ビジネスモデルを変えるといったハードルの高い改革ではなく、まずはハードルの低い①「業務の効率化」から進めていくことがポイントとなります。

業務効率化なら、すでにやっているよ、という方もいるかもしれません。ぜひそのような方は、**「いまの業務コストを10分の1にするためにはどうしたらいいか？」**と考えながら読み進めてみてください。いままで思いつかなかったアイデアが出てくるはずです。

ここからは、業務の効率化の3つのパターンについて、よくある成功例を「背景・課題」「解決のアプローチ」「理想的な成果」の順で説明していきます。実際によく実施される複数のDXプロジェクトを参考に事例を作っているので、そのまま試してみても効果が出やすいでしょう。

業務の効率化①

「ムリ」を改善する

紙でのやり取りをデジタル化するケース

「ムリ」の状態とは、必要以上に負荷がかかっている状態や、自分の能力や与えられたリソースではどうしようもできない状態のことです。ムリが発生している業務として、よく挙げられるのが「紙でのやり取りが多い仕事」です。それをデジタル技術によって効率化する。紹介する成功例は、サービスの申込書を紙で受け取り、そこに記載されている情報をシステムに入力していたA社のケースです。

【背景・課題】

Ａ社では、サービスへの申し込みは指定の用紙に手書きで書いてもらう方式でした。どうしても紙で残さなければならず、紙に書かれた内容をシステムに入力する仕事が発生していました。サービスへの申し込み件数は月によってばらつきがあり平均的には１０００件ぐらいでしたが、多い月には５０００件以上の申し込みもありました。

システムへの入力を担当する方は３人しかおらず、申し込みが多い月には対応しきれず、処理が翌月までかかってしまうという課題がありました。

【解決のアプローチ】

このような「ムリ」を改善するため、入力業務を自動化するＤＸを行うことを決めました。ステップとしては、申し込み用紙に書かれている手書きの文字を「ＡＩを使った文字認識技術（AI-OCR）」を活用して、読み取ります。人は読み取った文字が間違っていないかをチェックし、ミスがあれば手直しをします。次に、読み取った文字データを、システムに連携するような仕組みを、ＲＰＡ（ロボティック・プロセス・オートメーション＝Robotic Process Automation）で作ります。

図2-3｜紙でのやり取りをデジタル化

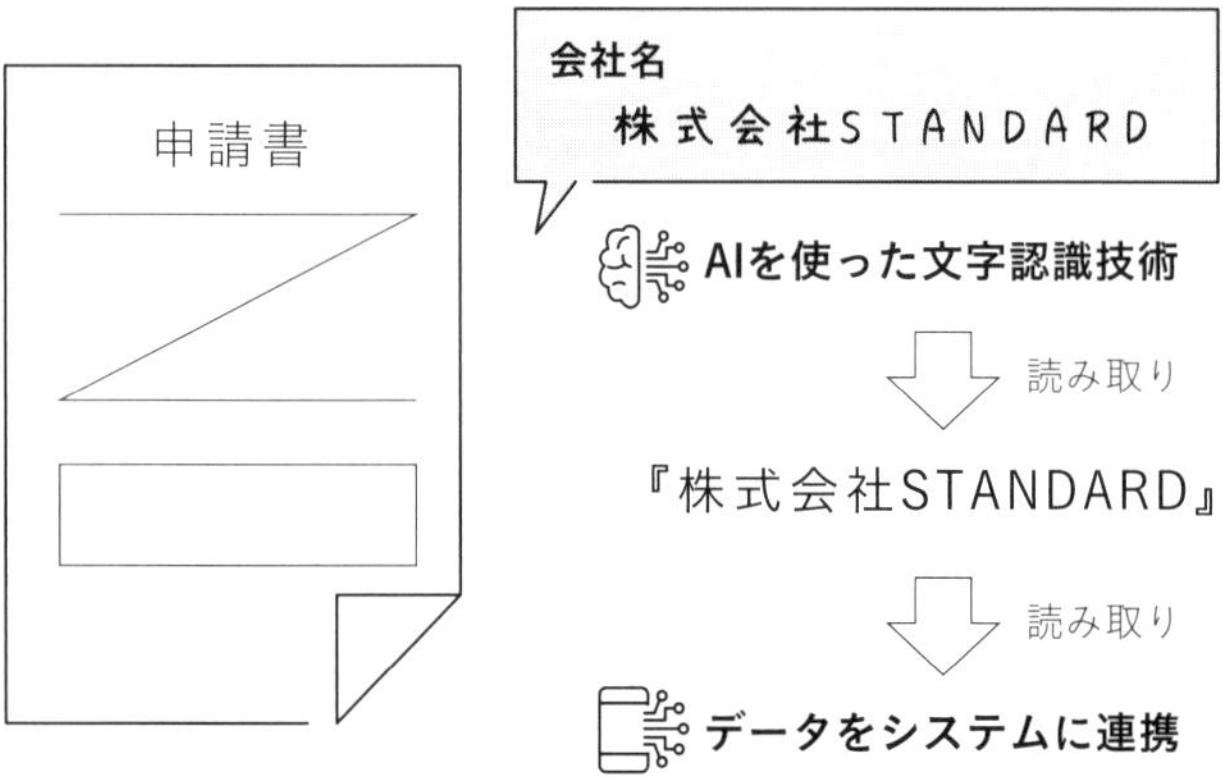

AI-OCRは、汚すぎる書き文字だとさすがに精度が下がります。ただ、ある程度までだったら正確に読み取れます。なので人間は、AI-OCRができない、読み取れなかった文字の入力や最終の確認作業などを補うだけでいい。現状では、90％程度は自動化が可能になっているデジタル技術といえます。

【理想的な成果】

いままでは、1件の申し込み用紙のデータをシステムに入力しチェックをする作業に30分かかっていました。AI-OCRとRPAを導入することにより、1件あたりの所要時間を3分に削減することができました。人が行うのは、読み取った文字が合っているかを確認するだけです。

この結果、申し込みが多い月でもなんなく対応ができるようになりました。また、空いた時間で、顧客へのきめ細かいフォローができるようになり、顧客の満足度が向上しました。

どの会社にも、やるべき業務と人材の数がマッチしていないような「ムリ」業務があると思います。**特に、このケースのような紙にかかわる業務改善は、難易度が比較的低く、効果もすぐに実感しやすいものです。**いまいちど、所属する部署で「ムリ」に当てはまる業務を考えてみてください。その際には、左記のチェックポイントを意識するとよいでしょう。

ムリのチェックポイント

□ 必要な作業に対して、人材が不足している業務は何か？
□ 業務自体をもっと楽にできないか？　なくせないか？
□ 手段が目的化している業務は何か？
□ 最適な人材を配置できているか？

業務の効率化②

「ムダ」を改善する
ダイナミックプライシングの導入ケース

「ムダ」の状態とは、能力に対して負荷が下回っていたり、価値につながらない仕事や時間・資産があるような状態のことです。ムダが発生している例として、スポーツスタジアムの空き席を取り上げます。

【背景・課題】

スポーツチームB社は、収容人数が5万人のスタジアム（競技場）を保有していました。収益を最大化させるためには、できるだけ観客数を多くして空き席を埋め、チケットの単価を増やすことが求められていました。また、試合相手や時期によってチケットが売れる率が異なり、試合はしているけれど観客があまり入っておらず、「価値につながらない空き席」というムダをどうにかなくしたいと思っていました。

【解決のアプローチ】

そこで、B社は「ダイナミックプライシング」（需要予測に基づく即応的な価格調整）を導入。集客が見込める人気試合のときは料金を高くしたり、反対に人気のない試合のときは料金を

図2-4 ダイナミックプライシングの導入

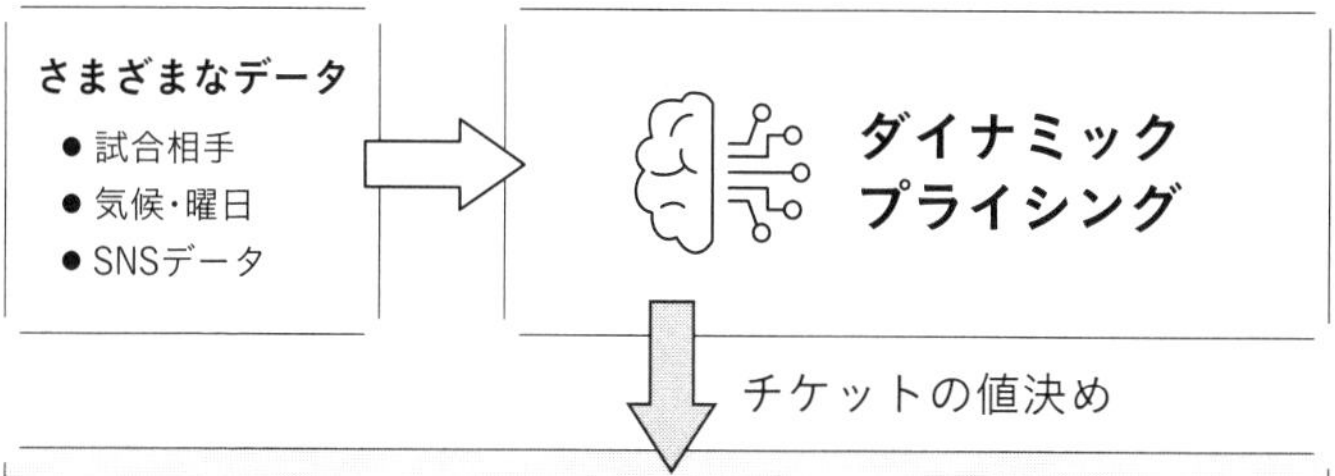

	4/10	4/11	4/12
プレミア席	6000円	8000円	6000円
S席	4000円	5500円	3500円
A席	3000円	3800円	2000円

下げたりできるようになりました。

ＡＩによるダイナミックプライシングはさまざまなデータをもとにして価格設定をします。価格を決める際には、競合するイベントや気候、座席の位置、ＳＮＳでのデータなども参考にしながら最適な価格を決めていきます。いわゆる人の感覚ではなく、独自の法則に基づいたアルゴリズムによって、収益が最大化されるようなチケットの値段を設定していきます。

【理想的な成果】

従来のスタジアムの空席率が約40％だったところが、ダイナミックプライシングを導入することで、約30％に減少し「ムダ」な座席を減らすことができました。また、人気の高いチケットを値上げすることにも成功。

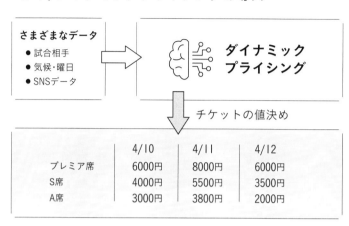

ダイナミックプライシングを導入した場合と導入しない場合の増加率を推計すると、観客数およびチケット収入は従来型の販売手法と比べて約10％増加しました。

スタジアムや旅客機の空席、ホテルの空室、商品の過剰在庫などはムダの典型です。ムダを解消すれば、自然に収益の最大化にもつながるでしょう。

商品のダイナミックプライシングでいえば、閑散期に大量に在庫を抱えるリスクの防止になり得るし、需要が下がる時期に適正な値下げをすれば、ある程度の利益を保ったまま商品が売れる可能性も出てきます。特に、ＥＣサイトであればリアルタイムに適切な価格の設定が行えます。これによって限定された期間だけではなく、必要に応じたセールの実施も可能になるのです。

実際、AmazonやＥＣサイトBooking.comなどはＡＩによるダイナミックプライシングを導入して成果を上げています。日本企業でも導入する企業が増えていますが、その動きはやや鈍い印象です。日本企業の場合、そもそもデータが不足していることが足かせになっているのでしょう。ＡＩはデータが十分にそろっていなければ、価格差をいくら付けたらどの程度の集客が見込めるのか、それでどれだけ収益が上がるのかといったことを事前に予測することができません。

さらに、価格はいろいろな部門を巻き込まないと決められません。一部署で完結する前述の「紙でのやり取り」の業務改善の事例と違い、経営層はもちろん、マーケティング部門やチケットの販売部門、会社の外部を含むシステム関連の部門などを巻き込まないといけない。その数が増えるほどプロジェクトの難易度は上がります。なので、DXリテラシーの低いオールドタイプの日本企業では、技術的な難易度がそこまで高くないAIによるダイナミックプライシングでもなかなか進まないのです。

左記のチェックリストを参考にしながら、身近な業務に「ムダ」が含まれていないかをチェックしてみてください。意外と多くのムダが発見できると思います。

ムダのチェックポイント

□本来は活用・販売すべきだが、あまってしまっているものはないか？
□仕事量に対して、過剰なリソースが配置されていないか？
□手戻り（作業のやり直し）が少ないような、仕事の順序になっているか？
□不必要な経費や予算が使われていないか？　本当に必要なコストなのか？

業務の効率化③

「ムラ」を改善する

画像認識による目視検査を自動化するケース

「ムラ」の状態とは、仕事が標準化されていない、優先度が明確ではない、ムリやムダがさまざまに発生しているような状態のことです。ムラをなくす例として、製造ラインにおける目視検査工程を画像認識システムで代替したC社のケースを挙げます。

【背景・課題】

C社の工場の製造ラインでは、商品の多品種化が進んでいました。それにともない、できあがった製品の品質や外観に問題がないかをチェックする「目視検査」の工程が存在しました。この工程は、人が目で見てチェックをする必要がありました。商品の種類が増えると、その数に比例して新しいチェック項目が増えます。そうすると、人によって検査の基準がズレてしまい、検査精度の「ムラ」が発生していました。

【解決のアプローチ】

そこで、目視検査そのものを「画像認識システム」に置き換えました。良品と不良品のデータなどをシステムに組み込むことで、完成した商品の画像をもとに検査が自動化できます。

図2-5 | 画像認識による目視検査の自動化

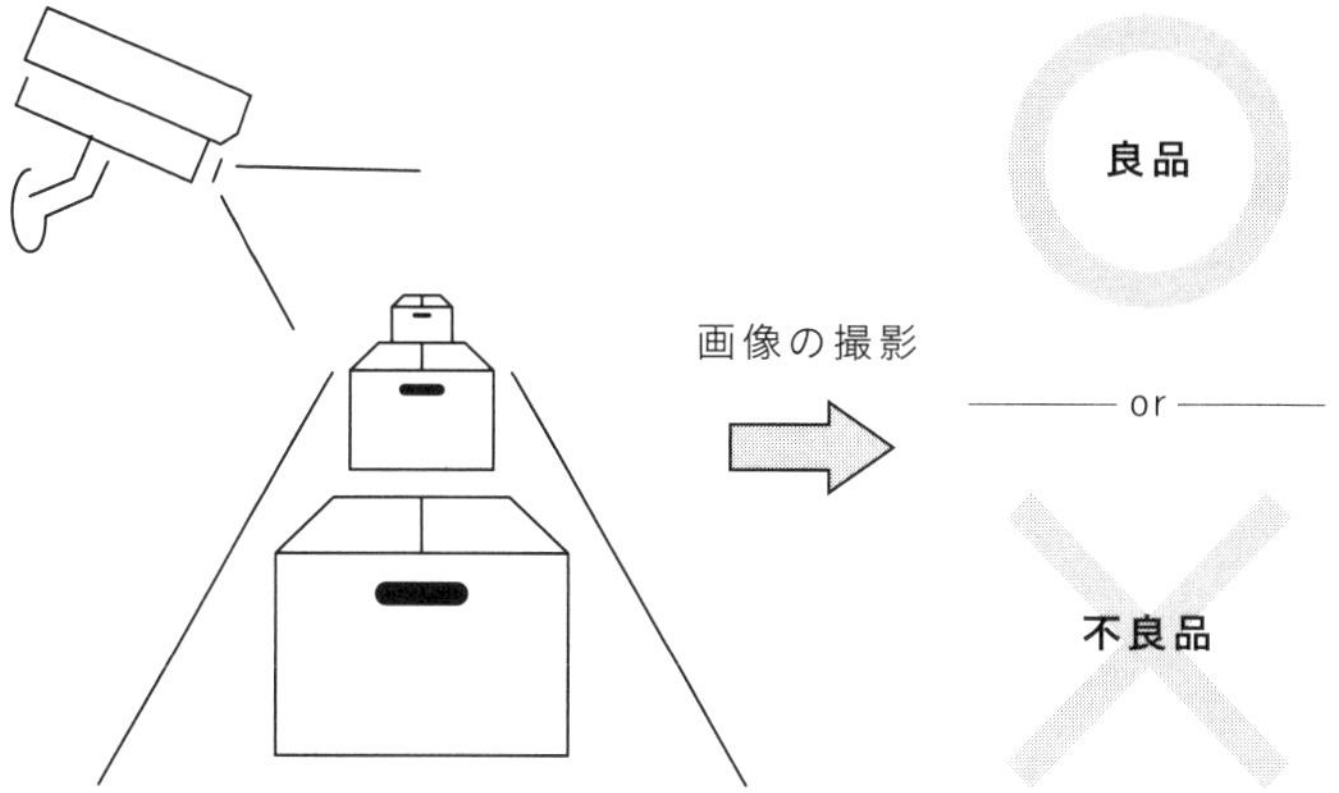

【理想的な成果】

人によってバラバラだった検査精度は、システムの導入により一定に。検査人員も不要になり、より価値の出る他の業務を担当できるようになりました。

検査作業などは人間がやっていると、もちろんコストもかかるし、「これはオーケーでこれはダメ」という基準が曖昧《あいまい》になってしまい、どうしても作業者によってその判別にムラが出てきます。一方、AIは基準が曖昧になる心配はないし、どんどん学習して判別を標準化していくので、ムラがどんどん削減されていきます。

こうした製造ラインのムラを解消するDXは、前述のダイナミックプライシングとは違い、多くの製造企業で導入されていたり、具体的なプロジェクトが進んでいたりします。やはり人手不足が深刻で、どの製造企業も「このままでは製造ラインが止まるかもしれない」とか「不良品を出荷しかねない」といったリスクを、もう目の前まできている危機ととらえていて、その対策を急いでいるからでしょう。

もちろん、**近年の自動運転や自動診断などの実用化からもわかるように、特に人間の目を代替する画像認識技術の順調な進歩が、こうした製造ラインのDXの普及に寄与していることはいうまでもありません。**

ただ、画像認識系のAIの精度は、判別の元となる画像のデータがどれだけたまってくるかに比例して上がってきます。その意味では、導入時に人間と同じレベルだから大丈夫ではなく、いつ新しい判別対象を追加しても大丈夫なように画像のデータを蓄積しておくなど、やはり人がきちんと対応していくことが重要なポイントになるのです。

ちなみに顔認証の分野では、いまのところNECが世界ナンバーワンの技術を持っている企業といわれています。実際に自動販売機や無人店舗での顔認証決済など、いろいろな実証実験をスタートさせています。

欧米は個人情報の保護や人種差別の問題に敏感な社会なので、顔認証の実証実験はなかなか進みません。その点、中国はかなり進んでいると思うのですが、公開されていない部分が多く、技術レベルがどの程度なのかよくわかっていません。

日本の場合、いまのところEU（欧州連合）のGDPR（個人情報保護法制）のような厳しい規制はないのですから、もっと「提供価値の向上」につなげられるはずです。日本の大企業にありがちな「宝の持ち腐れ」にならないように、より一層のチャレンジが求められるところです。

左記のチェックリストを参考にしながら、身近な業務に「ムラ」が含まれていないかをチェックしてみてください。

ムラのチェックポイント

□業務の品質や所要時間が人によって大きく異なるものはないか？
□属人化している業務はないか？
□優先順位が定まっていない業務はないか？
□業務の連携はうまくいっているか？　どこかの工程がボトルネックになっていないか？

みずほフィナンシャルグループ「Ｂｌｕｅ Ｌａｂ」の業務効率化事例

私たちＳＴＡＮＤＡＲＤが最近かかわった事例も紹介しておきましょう。みずほフィナンシャルグループとＷｉＬグループが主に出資して2017年に設立した「Ｂｌｕｅ Ｌａｂ」という会社があります。ブロックチェーン技術を活用した「個人向けデジタル社債」の発行など、デジタル技術による「提供価値の向上」に取り組んでいる、いわゆる先端系の会社ですが、**設立当初の一番の課題はやはり銀行における「業務の効率化」でした。**

従来の銀行の業務は紙に手書きという作業が多かったり、そうしたデータを人がコンピューターに打ち込んだりという属人的な作業が多く、そのコストはすごく大きなものでした。一方で近年、銀行の収益は下がっています。なので、「ＤＸで業務を効率化していかないといけない」という必要性を強く感じていたわけです。

ただし、**具体的にどう進めたらいいのかということが明確ではなかった。**特にＡＩの活用については、Ｂｌｕｅ Ｌａｂのメンバーでさえよくわかっていなかったのです。だから銀行側との連携がスムーズに行かず、「業務の効率化」が思うように進んでいませんでした。

そこで、ＳＴＡＮＤＡＲＤの教育メニューを使って、そもそもＡＩとは何か、ＲＰＡのようなデジタル技術で何ができるのか、ＤＸのプロジェクトはどういうふうに進めていけばいいいのかといったところをしっかり学んでいただきました。すると、それぞれのメンバーが銀行の業務のなかで、どこにデジタル技術を生かせそうなのかということをきちんと考えられるようになりました。

その結果、紙の業務やデータ入力の業務を効率化・自動化していくAI-OCRなどの活用が順調に進んでいったのです。そして「業務の効率化」で得た知見を生かして、より難易度の高い「提供価値の向上」にも取り組めるようになったというわけです。

もちろん、銀行の業務の全部が一気に効率化・自動化されるということはありません。現状では、さまざまなＤＸプロジェクトがＢｌｕｅ Ｌａｂを中心に少しずつ進められている状況といえるでしょう。

繰り返しになりますが、ムリ・ムダ・ムラを削減する**「業務の効率化」は、直接的に顧客を喜ばすＤＸではありません。**けれども業務を効率化することで、コストが下がり利益が生まれます。**その利益を「提供価値の向上」というＤＸに投資していく。**そうした**ループを作って回していくことで、より顧客を喜ばすことができるようになります。**つまり、「業務の効率化なくして提供価値の向上なし」というわけです。

提供価値の向上とは？

②「提供価値の向上」は、**デジタル技術を利用して売り上げの向上や顧客満足度の向上、イノベーションなどを図ること。**つまり、その中身は「悩みをとらえて改善する」「独自の強みを磨く」「新サービスの開発をする」という、大きく3つのポイントに分類できます**（図2-6参照）**。

1つ目の**「悩みをとらえて改善」**とは、お客様の悩みや課題を正しく認識し、それを解決できるように商品・サービスを改善し続けることです。繰り返し述べたように、時代の変化に合わせて顧客ニーズが変わるため、継続的に自社の商品やサービスを改善していく必要があります。

2つ目の**「独自の強みを磨く」**とは、他社が提供できず、自社だけが提供できる独自性のある価値を磨いていくことです。どの企業にもできることは競合が多く、価格競争に発展して利益が出せなくなる可能性があります。

図2-6 | DXの目的②提供価値の向上

提供価値の向上＝下記3つを減らすこと

1 悩みをとらえて改善	**2 独自の強みを磨く**	**3 新サービスの開発**
顧客の悩みや課題を正しく認識し、それを解決できるように商品・サービスを改善。	他社が提供できず、自社だけが提供できる独自性のある価値を見つけ、磨いていく。	既存事業だけでは満たせない顧客の課題を、新しい商品・サービスで解決していく。

目標：デジタル技術を活用して、提供価値を向上させる

顧客データベースの管理/営業記録の共有/差別化/顧客満足度調査/期待値調整

3つ目の**「新サービスの開発」**とは、既存事業の範疇《はんちゅう》では気づかない顧客の課題を見いだし、新しい商品・サービスで解決していくということです。既存のものでは十分に応えられないニーズに対しては、当然新しいものを作っていく必要があります。さらに、新たに登場する大きな市場に目を向けることも重要となってきます。この3つのポイントを劇的に強化するには、たとえば「顧客データベースの管理」「営業記録の共有」「顧客満足度調査」などにかかわるデジタル技術の活用があります。

ここからは、提供価値の向上の3つのパターンについて、業務改善の例と同様に、よくある成功例を「背景・課題」「解決のアプローチ」「理想的な成果」の順で説明していきます。

提供価値の向上①

悩みをとらえて改善する

顧客の声を集め、可視化して継続的な改善につなげるケース

「デジタル技術を使って顧客を喜ばす」ことがDXのいわば本丸です。「業務の効率化」によって生まれた余力をどんな「提供価値の向上」のDXに投資すればいいのか。主なパターンは3つに分類することができます。早速、事例を見ていきましょう。

1つ目は「悩みをとらえて改善する」というパターンのDX。これは、お客様の悩みや課題を正しく認識し、それを解決できるように商品・サービスを改善し続けることです。「お客様の声のアンケート」を高度にデジタル化して活用するようになったD社のケースを説明していきます。

【背景・課題】

D社では、年間約3万件もの「お客様の声」が寄せられます。非常に多数の声をもらっているものの、それをサービスに取り入れて改善を進めていくこと自体が、なかなか実施されていませんでした。アンケートデータを分析して顧客サービスに生かすわけですが、必要に

図2-7 | 顧客の声をデータ化・可視化

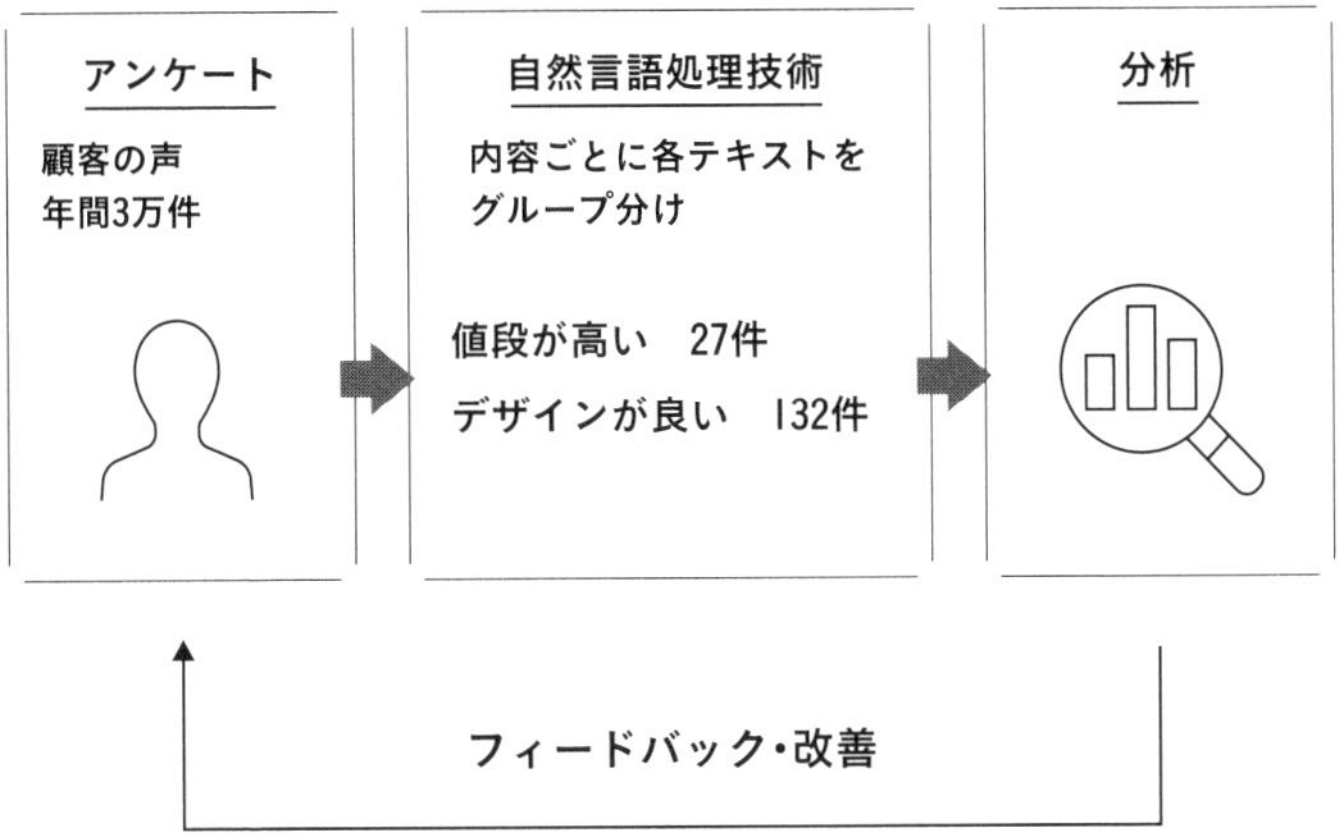

応じてデータを整理するだけでも多くの時間と人件費がかかります。結果として、事業部側にお客様の声が届いていない状況になっていました。

【解決のアプローチ】

テキストの意味を認識する自然言語処理の技術を利用し、書かれている内容別に「お客様の声」をグループ分けする独自システムを開発。アンケートの内容ごとに、各テキストをグループ化することで、どのようなお客様の声が、それぞれどのくらいの数が来ているのかを可視化できるようにしました。

【理想的な成果】

アンケートが集計され、内容を把握することが瞬時にできるようになったため、各事業部にお客様の声がしっかりと届くようになりました。その声をベースに、事業やサービスの改善サイクルが正しく回るようになりました。

「悩みをとらえて改善する」という営みは、そのプロセスを回し続けることで「提供価値の向上」につながります。つまり、より継続性を担保するためにデジタル技術を使うというわけです。「お客様の声」はおそらく半永久的になくなることはないので、それに応え続けることが会社としての価値になります。

とはいえ、年間数万件のお客様の声を、人間が全部見て分類する作業を何十年も適切に継続するというのは非常に難しい。なかには見るだけムダなものもあるだろうし、作業する担当者は相当ムリをしないといけないし、人が代われば必ずムラも出てくるでしょう。**そのプロセスをデジタル技術で自動化・標準化することによってムリ・ムダ・ムラがなくなり、顧客の意見や要望に応えるサービスの向上も半永久的に可能になるわけです。**

また、こうしたデータを活用するデジタル技術はスムーズな意思決定にも大きく寄与します。あるサービス改善をしなければと薄々感じているけれども、それが適切かどうかというエビデンスがないので、なかなか実行の意思決定ができないというケースは少なくありません。

しかし何か判断に貢献するデータ、つまりデジタル技術で得たエビデンスとしての数値があれば、そのハードルは容易にクリアできるはずです。**「同じ内容のお客様の声が1年間で30件も寄せられている。この改善の優先順位を高くしたほうがいい」といった具合に、やはりデータを盾に取った提案のほうが圧倒的に稟議書なども通りやすいでしょう。**

さらに、エビデンスを無視して属人的に意思決定していると、顧客のニーズとは異なるサービスが行われがちです。つまり、新しいサービスの提供をはじめたもののまったく使われないという状態です。デジタル技術によるデータの活用はこうした「改悪」を防ぐことにも役立ちます。

加えて、大企業にありがちですが、顧客と直に接している人たちが少なくて、サービス改善のアイデアそのものが出てこないというケースもあります。**問題が発生する現場から離れれば離れるほど、それを認識しにくくなるので、解決策が見つけにくくなるのはある意味当然でしょう。**デジタル技術を活用して顧客の意見や要望を全社的に共有すれば、そうした組織の構造上のマイナス面も補完できるようになるはずです。

このように、デジタル技術を用いて、**社内と顧客の距離を近づけていく**方法を考えていくとよいでしょう。

「悩みをとらえて改善する」ようなアクションに結びつきやすいチェックポイントを載せておきます。意外とできていないことが多いのではないでしょうか。

「悩みをとらえて改善する」ためのチェックポイント

- □現状のサービスを使用している既存の顧客が抱えている課題のトップ3は何か?
- □顧客の初回の購入理由と、2回目以降の購入理由を把握できているか?
- □どのくらいのペースでサービスや商品を改善できているか?
- □実際の顧客にヒアリング等をして、実際の声を集めているか?

提供価値の向上② 独自の強みを磨く

自社の強みをデジタル技術によって補強したケース

2つ目は「独自の強みを磨く」というパターンのDX。他社にはない自社の強みに着目して、自社だからこそできるデジタル技術の使い方、顧客の喜ばせ方をしているE社のケースです。

【背景・課題】

学生向けに教育事業を実施しているE社では、生徒数が年々減っている現状をなんとか改善したいと思っていました。近年ではYouTubeで高品質な授業を見られたり、オンライン授業を格安で受講できるサービスが出てきたりしており、そのような競合に生徒を奪われてしまっていました。

【解決のアプローチ】

E社は、20年以上も教育事業を運営しており、生徒への指導方法や学習サービス、サポート体制などにおいて独自のノウハウが強みとしてありました。その強みを踏まえて、さらに生徒の習得効率を高め、もっと細やかに生徒を教える方法は何かと考えた末に、たどり着いたのがデジタル技術を活用した映像学習サービスです。

「どんな生徒が、どのタイミングで、どんなふうに学習しているのか」といった生徒の行動調査データを収集。加えてこれまでのリアル授業で得たノウハウをもとにして、テスト前にポイントを効率よく学習できる仕組みや学習を継続的に続けることができるように工夫。

もともとの強みである、きめ細やかな生徒へのフォローを、1人ひとりのデータを分析しながら提供できるシステムを設計しました。

図2-8｜データをもとにした最適なフォロー

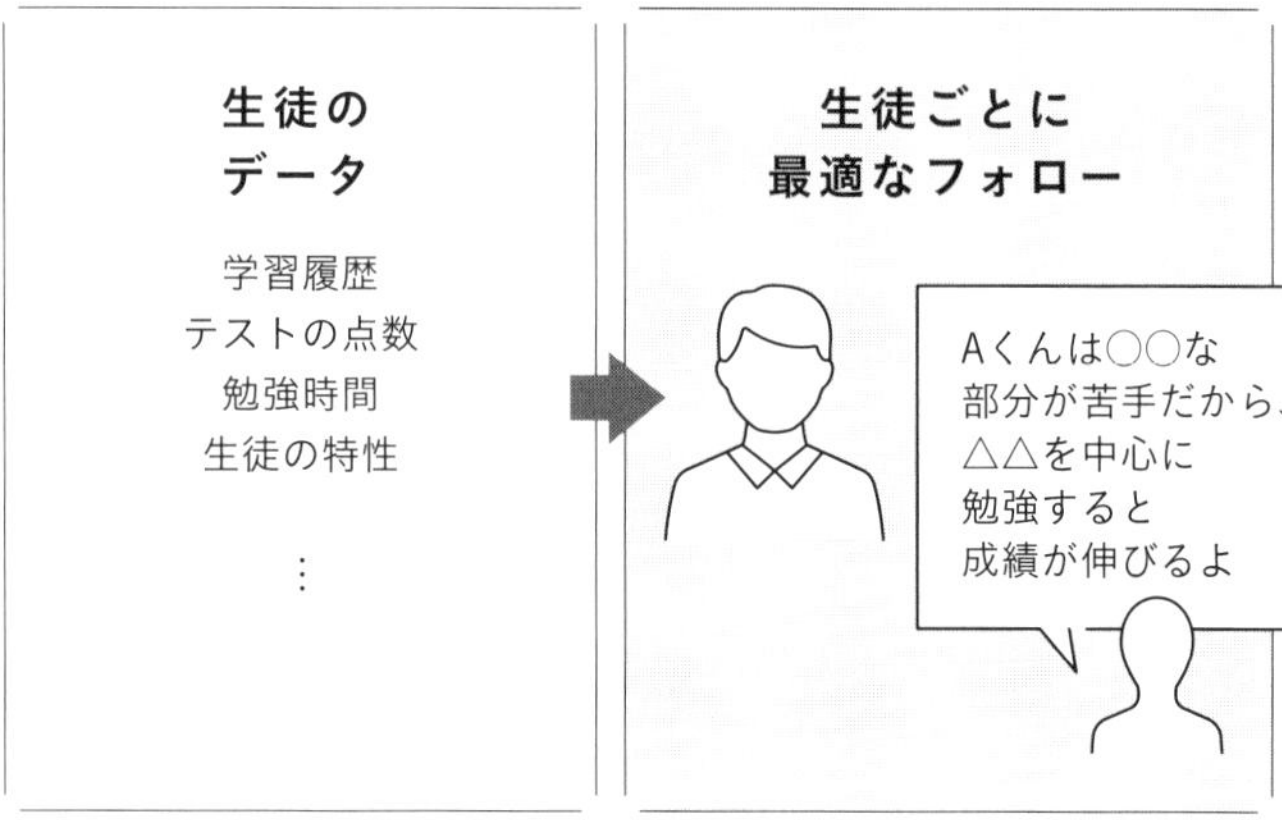

【理想的な成果】

生徒数の減少を食い止め、口コミでどんどん生徒が増えていきました。さらに、教育コンテンツを提供価値の主体としていたところから、勉強のフォローやきめ細やかな学習サポートという自社の真の強みにフォーカスできるようになりました。そして、それらの教育サービスをオンラインでできるような仕組みを構築し、一気にビジネス拡大につなげていきました。

多くの教育系企業で映像サービス自体を取り入れることは簡単にできるでしょう。しかし、自社にしかできないことを見つけてその強みを磨き、さらに会社の価値を高めていくということは簡単ではありません。つまり、**DXは単な**

る技術のアップデートではなく、いかにデジタルの技術を使って自社の強みにレバレッジをかけていくかというビジネス上のプロセス自体が問われるわけです。

要するに、どんな技術を使うのかは、さまざまな事例を参考にすればいいだけの話です。あくまでも勝負は、デジタル技術と自社のアセット（資産）をどうやって結びつけるかで決まります。技術に独自性を求める必要はありません。**どのアセットとどの技術を掛け算したら自社の強みに磨きがかかるのか、顧客にとって自社の価値が高まるのか。まずそこを考えることが「提供価値の向上」のDXのスタートといえるでしょう。**

「独自の強みを磨く」ために考えるべきチェックポイントは以下の通りです。ぜひ参考にしてください。

「独自の強みを磨く」ためのチェックポイント

□ 他社と比べたときに、自社が圧倒的に優れている点はどこか？
□ 現状、顧客が喜んでいるポイントや満足度が高いポイントはどこか？
□ 今後の5～10年を考えたときに、どのような強みを磨いていくとよいか？
□ 活用できてない資産やデータなどはないか？

提供価値の向上③

新サービスを開発する

自社の資産を生かし新しいマーケットを開拓したケース

3つ目の「提供価値の向上」のDXは「新サービスを開発する」というパターンです。既存事業では解決ができない顧客の課題を、新しい商品・サービスで解決していくということです。企業のなかで新しく事業・サービスを立ち上げる際は、ゼロから新しいものを作るよりも、すでに持っている資産やリソースを活用して優位性を保てるものを作るほうが成功しやすいと思います。そんなF社のデジタル技術の導入ケースを取り上げます。

【背景・課題】

女性向けの化粧品・スキンケア商品を製造・販売するF社は、ここ数年の売り上げ成長率が鈍化しており、今後の販売計画に関して悩んでいました。近年は、D2C（Direct to Consumer＝消費者直接取引）という事業モデルが流行っており、女性向けの化粧品やスキンケア市場が玉石混交になっているのも、成長率鈍化の原因の1つと考えていました。

【解決のアプローチ】

多くの企業が女性向け市場に集まっていると、市場での戦いが激化し、消耗戦になっていきます。自社に圧倒的な独自の強みや優位性がない状態で、厳しい環境での戦いをするのは得策ではありません。

そこでF社は、新たな事業展開として、男性をターゲットにしたスキンケア商品の開発に取り組みました。当時は、スキンケアをする男性の市場は少ないのではないかという見方もありましたが、海外では男性のスキンケアの重要度が高まってきており、日本でも可能性があるのではと考えたのです。

商品開発の技術は「自社の資産」としてしっかりと持っていたので、それを提供するターゲットを女性から男性へずらすことで、新たなサービスを開発するかたちです。

また、お客様と直接のつながりを持つことで、より精緻《せいち》な利用状況や満足度、改善すべきポイントなどの情報をとれるように、独自アプリも合わせて開発しました。お客様の声をベースに、新商品開発や既存商品の改善スピードを速めるためです。

図2-9 | 新規事業の成功パターン

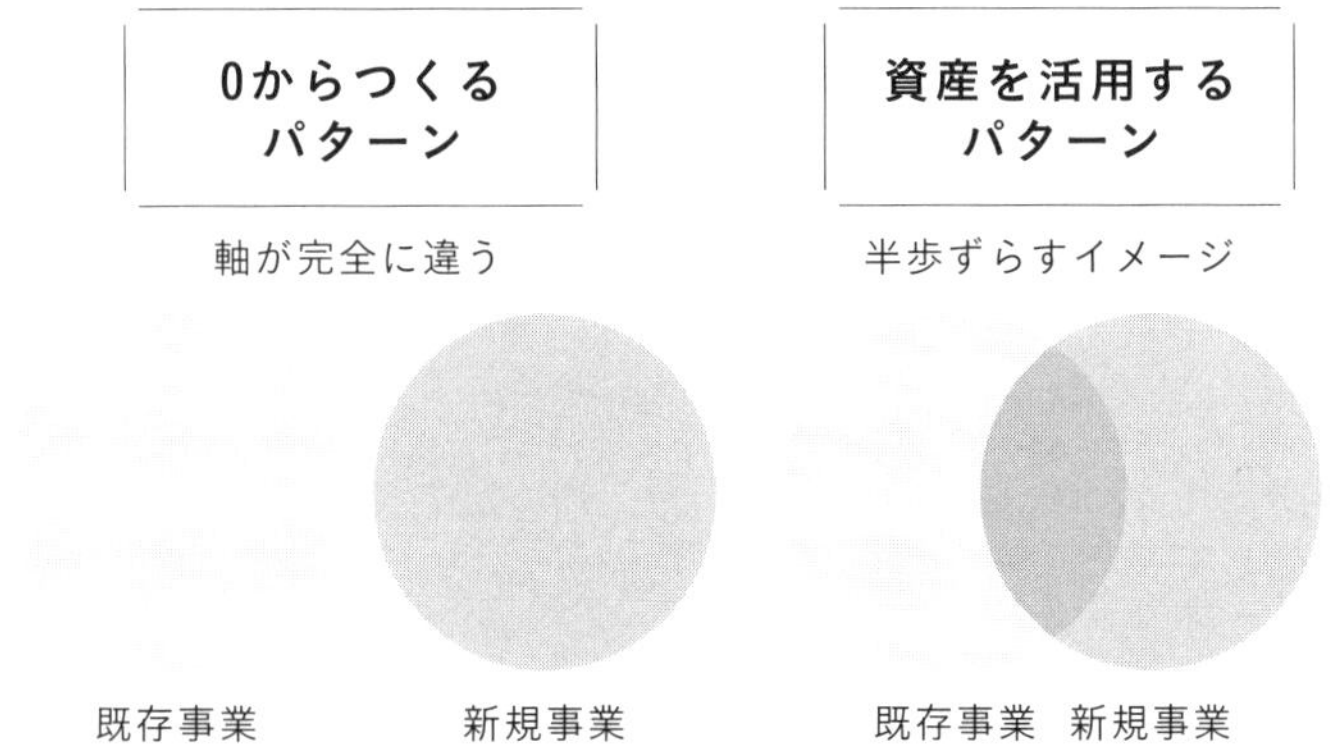

【理想的な成果】

リリースした商品は、特に若手の男性に受け入れられ、飛躍的に事業が成長していきました。停滞していた売り上げ成長率も、だんだんと向上してきました。

また、独自アプリによる肌診断やクーポン発行などによって、お客様と直接接点を持つことができ、貴重な情報を収集できるようになりました。その結果、製品の改善速度が速まり、お客様の満足度が向上し、リピート率も向上していきました。

この例のように、新しい商品や事業を生み出すためには、自社の資産を活用できるような取り組みがおすすめです。とはいえ、**自社のほうに思考が寄りすぎても、離れすぎてもいけませ**

ん。**理想形は、半歩ずらすようなイメージです**（図2‐9参照）。

注意点として、新しく開発した新サービスの全部が全部、継続的に成功するということはありません。新規事業の成功率は10％以下ともいわれています。そうした前提を持ったうえで、やはり**多くの打席に立つことが、ホームランを打つキモでしょう。**

参考のため「新サービスを開発」するためのチェックポイントを載せておきます。

「新サービスを開発」するためのチェックポイント

□既存事業で解決ができていない顧客の課題や困りごとはないか？
□その課題や困りごとは、その人・企業にとって緊急度と重要度が高いものか？
□自社の資産やリソースのなかで、最大限活用できるものはないか？
　他社が持っていないものはないか？
□どの市場であれば、No.1シェアをとれるポテンシャルがあるか？

パナソニックの提供価値の向上事例

私たちSTANDARDが最近かかわった、パナソニックの事例も「提供価値の向上」の象徴的なプロジェクトでした。

同社は全国にすでに使われなくなった工場の跡地を少なからず持っています。中国など人件費の安い海外に工場を移転してきた結果ですが、いわば放置状態になっているので、そこを有効活用しようと近年、いくつかのプロジェクトに取り組んでいます。そのなかで、神奈川県の綱島と藤沢にある同社の工場跡地では「スマートタウン」にトライしようとしました。ただし、自社のチームでは「太陽光発電で電気を見える化する」といった程度のアイデアしか出てこなかったのです。

そこでSTANDARDはパナソニックの依頼を受け、アイデア出しのプロセスに携わりました。現地にデジタルネイティブの若者（STANDARDのAI研修のサポートメンバーたち）を30人ほど集め、どんなデータを取得したら住民がより豊かになれるのか、何ができるのかというアイデアを出してもらったのです。

現地では数チームに分かれ、まず住民のヒアリングを行い、プロジェクトを企画し、実際に住民の睡眠データを集めたり、シェア自動車を使ってデータを取得したりしました。そして自分たちでプロトタイププレベルのプログラムを作って、パナソニックの担当者たちにプレゼンも行いました。

このような、**自社ではなかなか出てこないようなアイデアを、デジタルネイティブ世代に**

出してもらうというかたちも、DXプロジェクトの企画フェーズではメジャーな施策になってくるでしょう。

ここまでDXの定義「デジタル技術を活用して顧客に付加価値を与える組織や文化を創り続けること」の前半部分である「デジタル技術を活用して顧客に付加価値を与える」について解説してきました。次にDXのもう1つの要素、**定義の後半にある「組織や文化を創り続ける」について確認しておきましょう。**

スキルだけではなく環境やマインドセットも変える

表層に見える現象を変えていくためには、その深層に隠れている部分を変えていかなければなりません。**DXを通じて生み出す「顧客への付加価値」が表層だとしたら、深層は人材、組織、環境、マインドセットです。それらを同時に変えない限り、DXの成果は上がりません。**

図 2-10 ｜ 変革すべき見えない3層

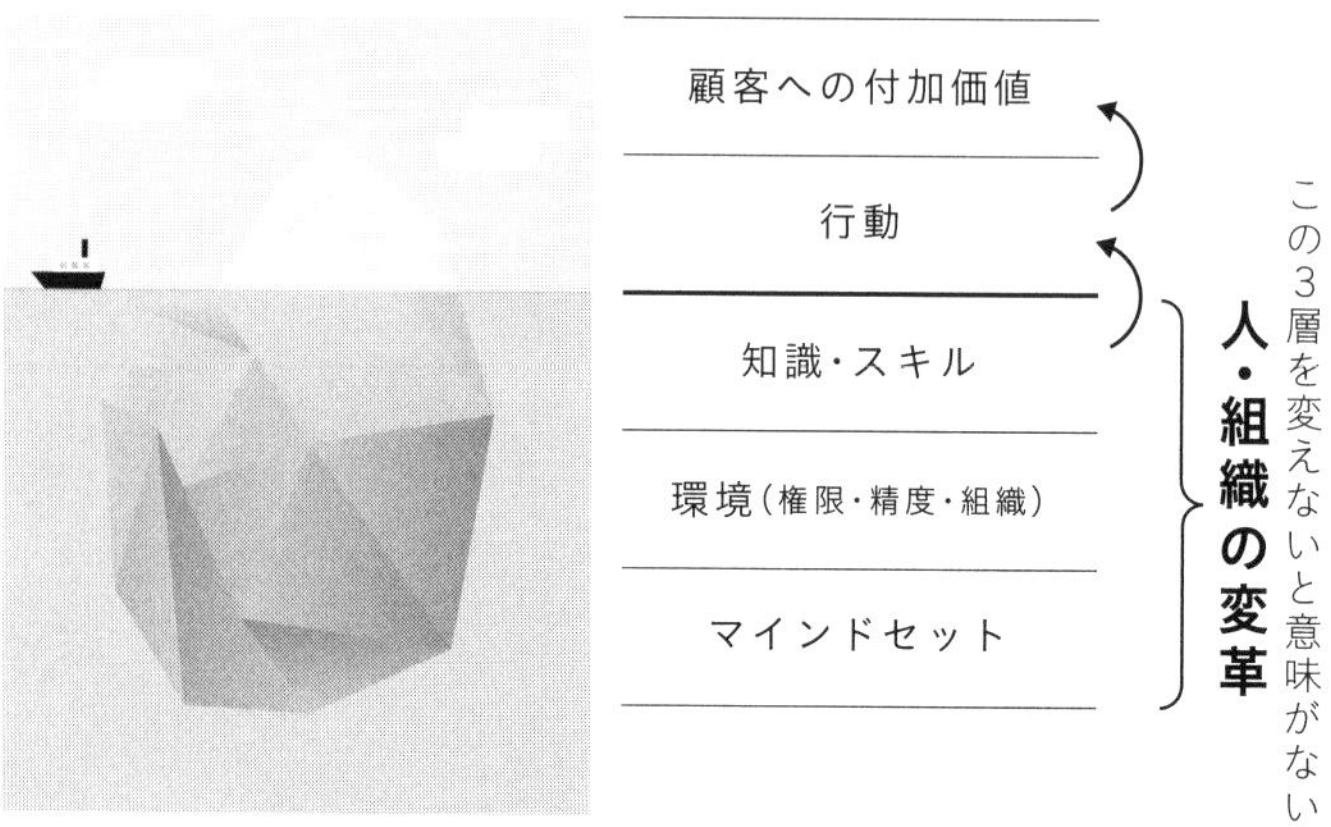

業務の効率化や提供価値の向上といった「行動変化」を起こすためには、デジタル技術の導入と同時に、**人・組織を変革させていく必要があります。**具体的にその何を変えるのかといえば、「知識・スキル」「環境」「マインドセット」の3点になります**（図2-10参照）**。

1つ目の**「知識・スキル」の変革**とは、社員1人ひとりがDXに関する知識を身に着け、「自社のどこに課題があるのか、その課題をどう解決していけばよいのか」を考えられるようになることです。

2つ目の**「環境」の変革**とは、DXを行う権限を持つマネージャーが存在し、プロジェクトを推進しやすい制度が整い、連携のしやすい組織になるように、社内の環境作りをしていくこ

図2-11｜DX推進のための取り組み方

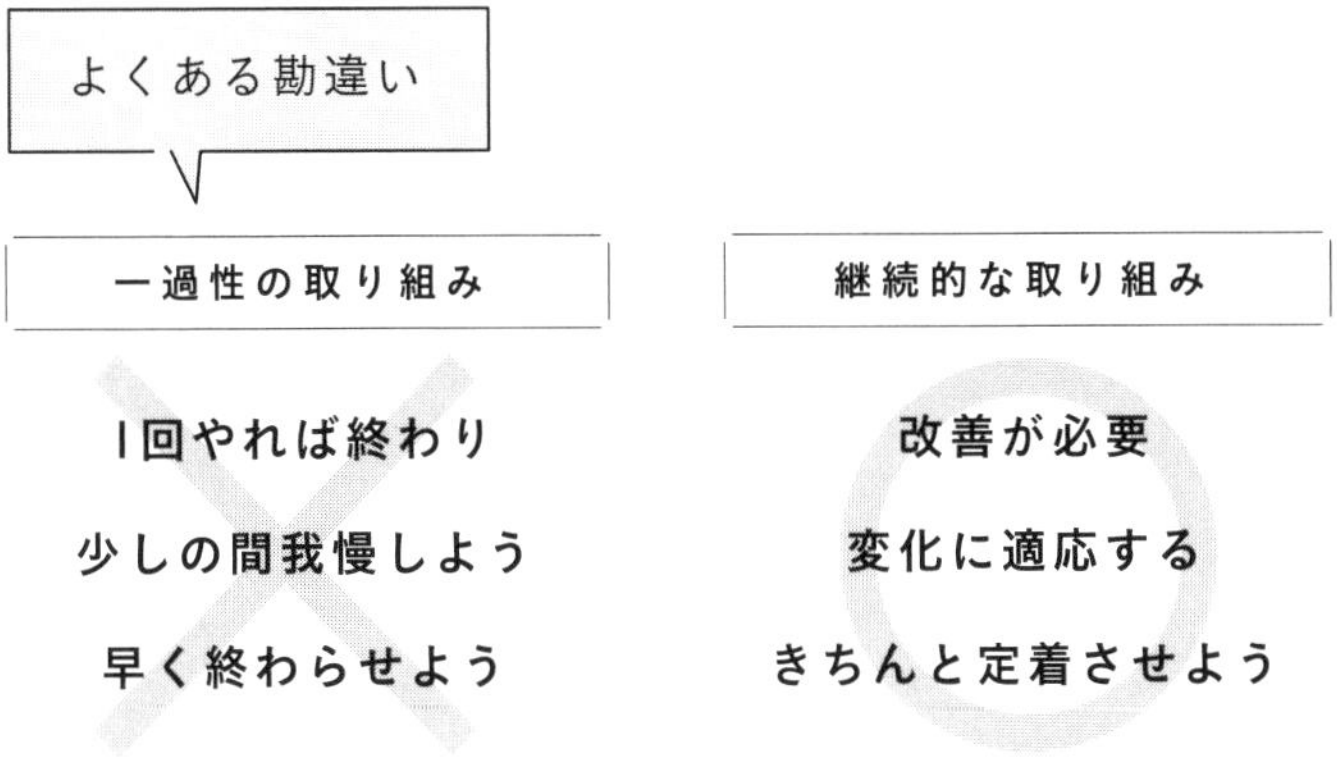

よくある勘違い

一過性の取り組み	継続的な取り組み
1回やれば終わり	改善が必要
少しの間我慢しよう	変化に適応する
早く終わらせよう	きちんと定着させよう

とです。

3つ目の**「マインドセット」の変革**とは、失敗を恐れずに何度も試し、そこから得た学びをもとに、よりよい方向に修正していくというアジャイル的な意識を、社内全体で持つようになることです。

この3点の変革は継続されなければ意味がありません。**DXは「1回やれば終わり」とか「この1年で完了する」といった一過性の取り組みではなく、継続的な取り組みである必要があります**（図2-11参照）。

それぞれの現場にいる社員1人ひとりが常に課題を認識し、必要なデジタル技術について考え続ける。そして改善し続けたり、変化に適応させたり、社内全体に展開したりしていく。そんな継続的な取り組み方がＤＸには求められます。まさに自社の文化として、デジタル技術の活用を根付かせていくことが成功のポイントなのです。
このようにその定義から考えてみても、ＤＸがエンジニアのみの活躍で完結しないことは明白でしょう。

ＤＸ推進のためにはエンジニアサイドのみならず、ビジネスサイドの現場の人たち、リーダーシップをとるマネージャーたちがデジタル技術に関する知識を持ち、その三者間の協働を実現する人作り、組織作りが必要です。お互いが協力しながら、解決すべき課題を見つけ、シンプルな解決策を構築し、運用に乗せ、ビジネス適応させることが求められるのです。

難しく考えず、シンプルな目的を達成しよう

ＤＸは組織や文化の「変革」に及ぶ話なので、当然ながら、その企業全体のビジョンや経営戦略といった大方針のなかに、きちんと位置づけられていることが重要です。それを踏ま

えたうえで、**「デジタル技術を使って顧客にいかに付加価値を与えるか」**というところを考える。これがＤＸプロジェクトのスタートになります。

ただ日本企業は、大きくなればなるほど「実績」を重視する傾向にあります。なので、**まずはＤＸ担当者が主導するかたちで、小さなプロジェクトを成功させて、そこから全社的に広げていくというステップを踏むとよいでしょう。**

さて、そもそもデジタル技術を使うとはどういうことなのでしょうか。それは端的にいうと「データサイクル」を回していくことです。つまり、**お客様をより喜ばすために、必要なデータをいかに集めるか、整理するか、活用するかがＤＸの正否を分ける大事なポイントになるわけです。**

とはいえ、顧客データを例にとっても、そのサイクルを回すハードルは決して低くありません。先に述べたように、そもそもデータを集めていなかったり、あっても使えない状態だったりというケースが少なくなく、その収集や整理に多くのお金や時間がかかってしまうからです。そんな状態で、いきなり新規事業を立ち上げようとしても、デジタル技術を活用するハードルがさらにぐんと高くなり、成功確率がゼロに近づくだけです。

その意味では、会社の内部で完結するデータサイクルは格段に回しやすいでしょう。課題も「コストを下げたい」など、すぐに社員みんなが共感できる、解決に協力できるものが見つかります。

一方で、「売り上げを増やしたい」といった課題は、既存の顧客はもちろん、他社のデータを利用するなど、何かしら外部に働きかけないとデータサイクルは回りません。さらに、社内から「本当にデジタル技術が有効なのか」といった懐疑的な意見が出てきがちで、内部のコンセンサスも取りにくい。新規事業であればなおさらです。

また、DXに関する意思決定の遅れは、いわゆる機会損失をもたらします。たとえば、外部ベンダーの選定ミスもある種の機会損失といえます。**コスト削減など会社の内部で完結するDXの経験や実績を積むことによって、DXに関する社員みんなのリテラシーが上がれば、機会損失的なミスもなくなるはずです。**加えてその実績によって、社内のコンセンサスも格段に得やすくなるでしょう。

なので、最も取り組みやすい、成果を実感しやすい、ROI（Return On Investment＝投資収益率）も見えやすい**会社の内部のDX、つまり「業務の効率化」から、まずはどんどん進めていくことがおすすめです。**実際、私たちSTANDARDに寄せられる依頼や問い合わ

図2-12　DXプロジェクトの進め方

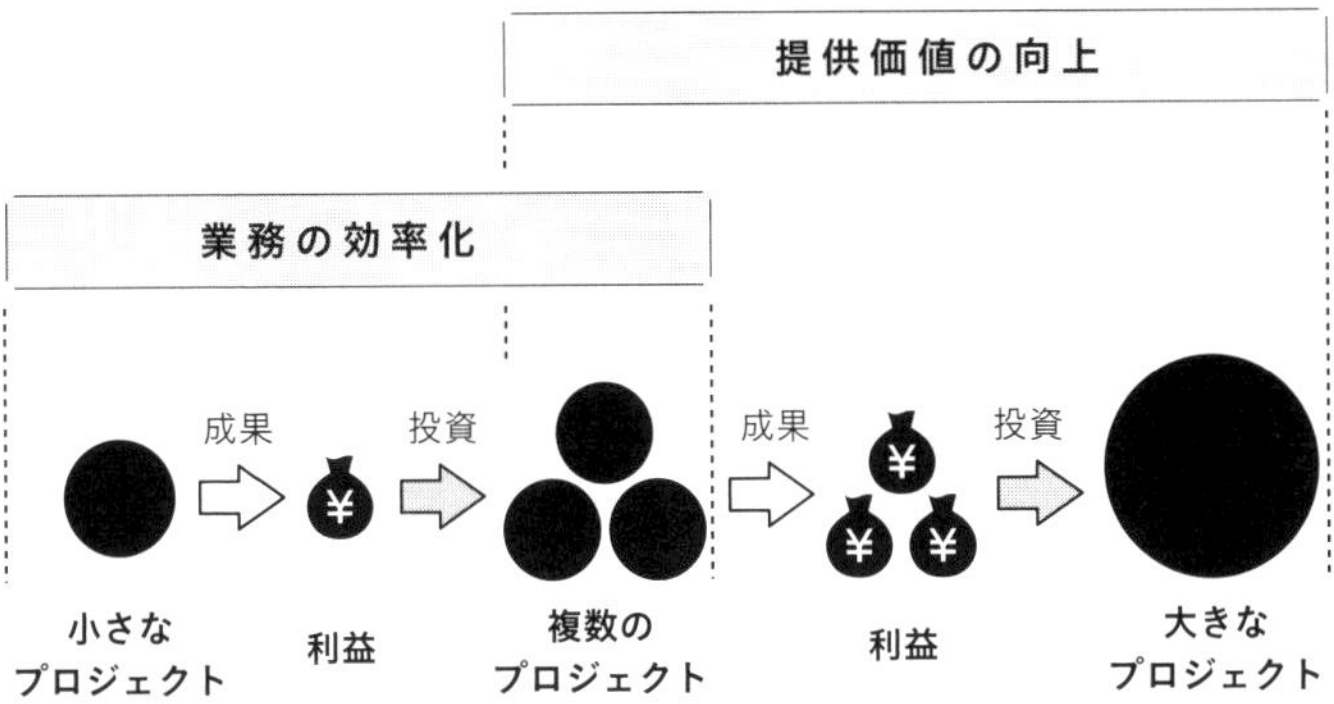

せは「業務の効率化」に関することも多いです。

社内の「業務の効率化」によってコストを下げ、利益率が上がれば、人的・時間的な余裕や投資余力が生まれます。それを売り上げの向上や新規事業の立ち上げなど、より難しい課題に対するDXに向けるようにするという順番が現実的でしょう。

先に紹介した経産省のDXの定義を杓子《しゃくし》定規にとらえて、「ビジネスモデルをトランスフォーメーションしないとDXじゃない」などと説明する「専門家」もいます。

ただ実際問題、ビジネスモデルを変革するレベルのデジタル技術の活用をどの会社もできるかといったら、やはり無理な相談です。

いきなり応用からはじめようとせずに、しっ

かりと基礎を固めてから、一歩ずつ進めていきましょう。近道はありません（図2‐12参照）。

デジタル技術は、社内のルーティン的な業務で、ごく普通の既存ツールをいろいろ活用していくだけでも大きな価値を生み出します。たとえば、メールでの日程調整に時間や人的リソースがとられてしまうといった課題は、biskettやTimeRexのような日程調整ツールを導入することで、簡単に解決することができます。

つまり、「業務の効率化」も立派なDXなのです。決して一部の声に惑わされず、身の丈に合ったいますぐできるデジタル化から進めていくことが重要でしょう。**それは着実に、会社の組織や文化を変えていきます。**

繰り返しになりますが、DXは適切な人材が社内にいなければ進みません。しかも、優秀なエンジニアだけがいてもプロジェクトは動かない。やはりビジネスサイドの全面的なコミットがないと進まないのです。

DXのプロジェクトとは、ある業務をコンピューターに任せることです。コンピューターである以上、人間がインプットとアウトプットをしっかり定義しない限り、何の成果も上げられません。

インプットとアウトプットは人間にしか定義できないし、その定義は社員みんなで協力しないときちんとしたものになりません。こうした定義力も含めて、ＤＸのプロジェクトを進めるためには、人間のマネジメント力がより重要になってきます。

人間は、自分が知らないことにはなかなか協力できないし、ただいわれたことをこなしているだけでは、それを効果的、効率的に進めることができません。つまり、ＤＸのベストプラクティス（最善の方法、最良の事例）を知らなければ、なかなかアイデアも出てこないし、いくらトップが強いリーダーシップで第一歩を踏み出したとしても、フォローするメンバーにリテラシーがなければ、ＤＸのプロジェクトは進まないのです。

なので、**むしろプロジェクトチームのリーダーが十分にマネジメント力を発揮できるように、チームメンバーがフォローして、かつ会社全体がきちんと協力できる体制になっていることのほうが重要でしょう。**だからこそ今日、ＤＸのリテラシーを全社的に高めることが急がれているのです。

第２章のまとめ

- DXとは「デジタル技術を活用して顧客に付加価値を与えられる組織・文化を創り続けること」
- 目的はあくまでも、顧客への付加価値。社内や上司ではなく「お客様」に喜んでもらうことを最優先事項として考える
- 顧客に喜んでもらうためには、業務効率化によってムリ・ムダ・ムラを削減し、提供価値の向上へさらなる投資をしていくことが求められる
- DXの本質は「人・組織」の変革であり、「知識・スキル」「環境」「マインドセット」などの目に見えない部分を変えることが、DXを成功に導くポイント
- いきなり応用から始めようとせずに、デジタル技術を活用して成果を出すための基礎を固めることが大切
- DXのリテラシーを身に着けた人材を増やし、小さなプロジェクトでもよいので成功事例をつくり、雪だるまのようにだんだん規模を大きくしていくべき

第3章

「企画・組織・開発」3つの失敗を乗り越えればDXは成功する

差がつくばかりの世界と日本のDX

現状、日本企業のDXでは**守りの分野**――業務の効率化および自動化――に取り組んでいる会社が多く、それと並行して行うべき**攻めの分野**――ビジネスの高付加価値化および顧客への提供価値の向上――のDXに取り組んでいる会社は、その半数にとどまるといわれています。

このままいくと国内外の企業間格差は広がる一方でしょう。一般社団法人電子情報技術産業協会（JEITA）の「日米企業のDXに関する調査結果（2021年）」では、**DXをすでに進めている日本企業は約28%、米国企業は約55%と、2倍近くの差が広がっています（図3-1参照）。**

国際的には投資金額でも大きな差をつけられています。文部科学省の調査では、アメリカの主要企業の2016年のAI関連投資は約7兆円に上ります。アメリカの政府予算額は5000億円もあり、中国政府も同様に4500億円を確保。一方、日本では2018年の

図3-1｜日本と米国のDXの取り組み状況

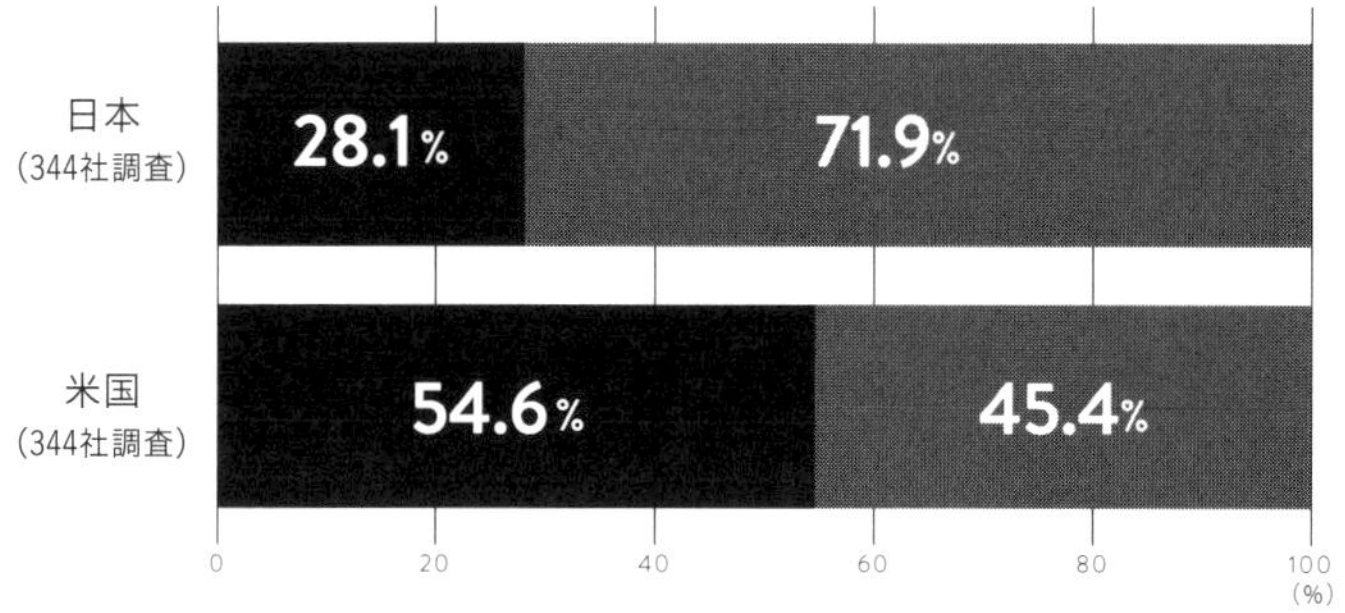

■ 全社の戦略の一環として実践中／部門レベルで実践中／実証実験を実施中
■ 実施に向けて検討中／情報収集中／行っていない／DXを知らない／わからない

出典:2021 年 JEITA / IDC Japan 調査

予算案に計上されたＡＩ関連予算は総額７７０億４０００万円でした。

人材面での世界と日本の差はさらに深刻でしょう。カナダのＡＩスタートアップ「エレメントＡＩ」が、２０１８年中に21の国際学会で発表された論文から著者の数や経歴を調査し、ＡＩのトップ級人材の分布をリサーチしました**（図３-２参照）**。

それによると世界のトップ級人材は２万２４００人。うち約半数がアメリカ（１万２９５人）にいて、次いで中国（２５２５人）、イギリス（１４７５人）、ドイツ（９３５人）、カナダ（８１５人）と続く。日本はカナダの後塵を拝し８０５人。全体に占める割合はわずか約３・６％というお寒い状況です。

図3-2 | 国別AIトップ級人材

全体：2万2400人

■アメリカ	1万295人
中国	2525人
■イギリス	1475人
■ドイツ	935人
■カナダ	815人
■日本	805人
■その他	5550人

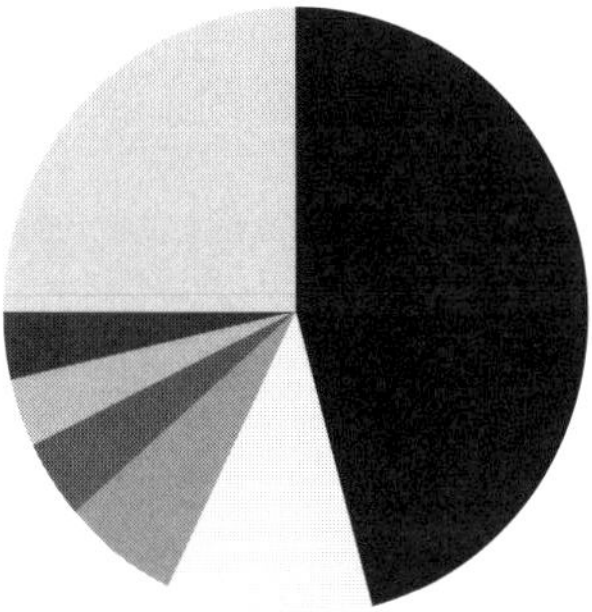

出典：Global AI Talent Report 2019、jfgagne

AIに限らず、DX全体としても世界に後れをとっています。「Service Now Japan」が発表した「業務自動化に関する国際調査」（米市場調査会社Lawless Researchと米Service Nowによる2018年の共同調査。対象は日本やアメリカなど12の国・地域にある従業員500人以上の企業に在籍する6477名）によれば、日本では「過去3年間に自身の業務に自動化が導入された」と答えた人が約42%。**平均の57%を大きく下回り、調査対象の国・地域のなかで最下位でした（図3-3参照）。**

なぜ、こんなにも世界との差が開いてしまうのか。それは繰り返し述べているように、DXにおける社員教育の重要性がわかっていないか

図3-3　デジタルトランスフォーメーションで後進国である日本

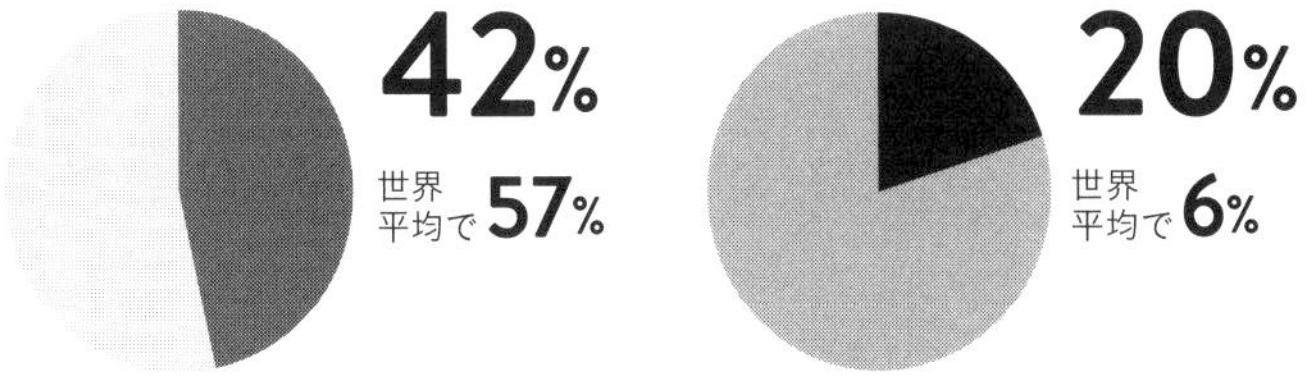

日本の42%の回答者が、過去3年間に自身の業務に自動化が導入されたと回答

調査対象の12の国と地域のなかで日本が最も低い割合

日本の20%の回答者が、業務に必要なデジタルスキルを備えていないと回答

調査対象の12の国と地域のなかで日本が最も高い割合

出典:Service Now Japan、2018年

らでしょう。たとえば、**「DXを推進するには、1人ひとりが顧客への付加価値を考え、その提供手段としてのデジタル技術を学び続ける」という原則を、全社員レベルで理解しているかどうかという問題です。**

デジタル技術の導入は、何かモノを買ってきて使えばいいという単純なものではありません。基礎的なリテラシーはもちろん、テクニカルな知識を学び、**それをアップデートし続けることから逃れることはできないのです。**

加えて社内で巻き込むべき人も多くいたり、新たな技術に合わせて業務を見直したり、投資対効果について検討したりと、ビジネススキルはもちろん、ロジカルシンキングやコミュニケーションのスキルも求められます。さらには、「このタスクは誰の責任と権限でやるのか?」

といったことを適切に決断するマネジメントのスキルも必要です。

こうしたスキルを持ったＤＸ人材を日本企業は育成してきませんでした。だからいまだにＤＸ担当者はプロジェクトを進めにくいと感じているし、その結果として、どんどん海外企業に水をあけられているのです。

現状では、多くの企業にＤＸ推進室といった「箱」があるものの、担当者は他の業務と兼務で１人だけというようなケースが目立ちます。メインの業務のほうが忙しければ、サブ的なＤＸがまったく進まないのは当たり前です。**これは経営層に「戦略」がないわかりやすい例といえるでしょう。**

そうした企業では、**「なぜいま、わが社にＤＸが必要なのか」というＷＨＹについての検討がおろそかになりがちです。**適切に課題が設定できなければ、「何をやるか」というＷＨＡＴ、解決策は決められません。だから「どうやるか」というＨＯＷも決まらない。それらの方針がないから「どんな人材を育てていくか」というところも決まらず、何も進まないのです。

DXを成功に導くために「3つの失敗」を乗り越える

2019年11月に日経BP社が発表した「デジタル化実態調査」によると、DXを推進している国内企業327社のうち、「本気で取り組み成果を上げている」と回答した企業は26・3%にとどまりました。つまり、DXがうまくビジネスに結びついていない企業がまだ多くあるということです。

なぜそうなるのか。**私たちは3000社超のヒアリングと480社超のサポートを通して、多くの企業がプロジェクトを進める過程で共通して、「3つの失敗」に阻まれ、**その進捗が遅れたり途中でプロジェクトが頓挫したりしているという結論に至りました。

DX推進を阻む3つの失敗とは、①**アイデア（DXプロジェクト企画）の質が低い、**②**人を巻き込めない、**③**PoC（Proof of Concept＝概念実証）・開発のマネジメントができない、**というものです。

図3-4｜DXプロジェクトを阻む3つの失敗

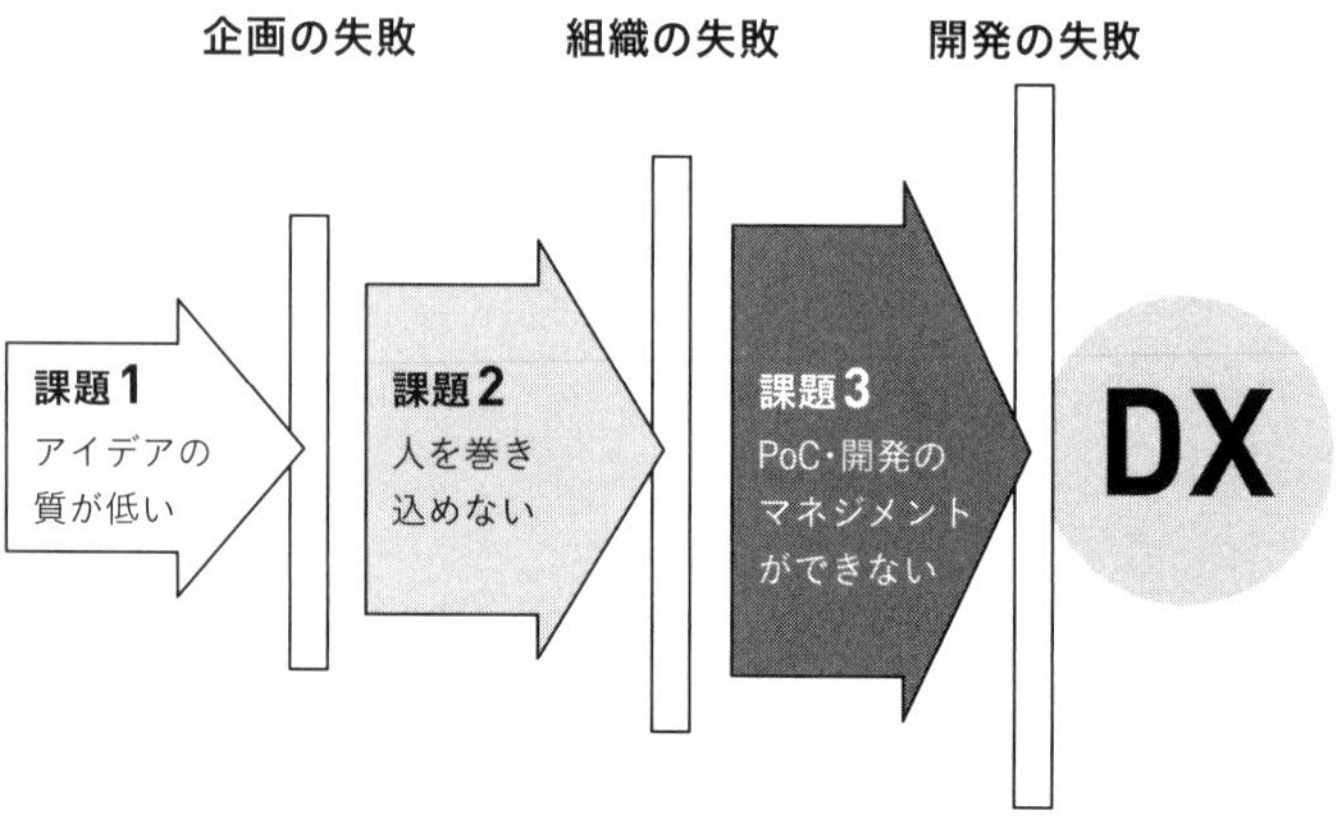

①「アイデアの質が低い」は**企画の失敗**、②「人を巻き込めない」は**組織の失敗**、③「PoC・開発のマネジメントができない」は**開発の失敗**と言い換えることもできます。いまだに日本企業の多くは、この「3つの失敗」にDXを阻まれています。裏返すと、この3つの失敗をきちんと乗り越えていければ、DXはどんどん成功するというわけです。

企画・組織・開発という3つの失敗を乗り越えるには、どうしたらいいのか。**本書で提案する最も効果的な方法は、何度も述べますが人材の育成に他なりません。**

たとえば、初めてAIプロジェクトを行う場合の企画立案の進め方について。簡単にいうと手順は次のようになります。

第1ステップは、そもそもＡＩとは何か、ＡＩでどういうことができるのか、ＡＩの開発はどういうふうに進むものかといった最低限のリテラシーをプロジェクトにかかわる全員が身に着ける。

第2ステップは、何が課題だと思っているか、取り組みたいけれども取り組めていない問題は何かといったことを、全員が自由に意見を出し合う。そして、会社的にこれを解決したらインパクトが出そうだという優先課題と、その課題をどういうふうに解決していけばよさそうかというアイデアについてブレストする。

最後の第3ステップは、ＡＩを開発する必要性やＲＯＩ、技術的な難易度などを検討して、最も経営的に成果を上げそうな実現可能なＡＩ企画を立案する。

こうした3つのステップをきちんと進められる人材がたくさんいれば、ＡＩプロジェクトにおいて最初に行う企画フェーズは簡単にクリアできるわけです。

私たちＳＴＡＮＤＡＲＤでは企業から「ＡＩを使いたい」「ＤＸを進めたい」という漠然とした相談をいただくこともたびたびあります。「では、どんな課題があって、どう解決したいんですか？」と尋ねると、そもそもＡＩを使うまでもなく、既存のツールやシステムを利用・変更すれば済む話だったり、ＡＩの学習に不可欠なデータが全然ない、あっても使えない状態だったりするのです。

一口にＤＸといっても、課題を解決するソリューションはたくさんあります。つまり、よりシンプルな解決策を追求することが重要なポイントなのです。

たとえば、紙の文書をデジタル化するという案件にしても、わざわざ高額な費用をかけて自社で文字認識のＡＩを開発する必要があるでしょうか。すでにいろんなＯＣＲ（光学式文字読み取り装置）があるし、手書き文書にしても安価でデータ化してくれる会社がいくらもある。手書き文書でいえば、「今後は全部デジタル上でインプットする」といった業務改善が先に行われなければ、まったく意味がないのです。

ＤＸリテラシーが低いと、こうしたいわば常識的な判断もおぼつかなくなる。だから人材育成が不可欠なのです。スケジュール感でいうと、スタートラインに立てる人材は3カ月ほどで育成できます。なので、難易度の高くないＤＸプロジェクトなら、ゼロからはじめても半年から1年で開発・運用できるでしょう。

ここからは、企画・組織・開発の失敗を、具体的にどのように乗り越えていけばよいのかを解説していきます。

①「企画」の失敗を回避する方法

最も多い失敗要因が「アイデアの質が低い」ということです。
最初に設定する課題自体や、課題に対する解決策がそもそも的外れだったりする。解決すべき課題をしっかりと見つけられていないせいで、収益に結びつくようなアイデアになっていないケースが目立ちます。

しかもアイデアの良し悪し以前に、経営層から「うちも何かＡＩに取り組んでくれ」という指示がＤＸ担当者に下りてきたものの、目的やゴールが不明確で、「何をすればいいのかわからない」と、全然アイデアが出ないパターンが少なくないのです。

要するに、**ビジネスサイドはエンジニアやAIベンダーに対して「何をしてくれるの？」と待ちの姿勢。エンジニアやAIベンダーも、ビジネスサイドに対して「何がしたいんですか？」と待ちの姿勢という状態です。**お互いが相手任せにしていたら、いつまで経ってもアイデア自体、出てくるはずもありません。

またDXの企画では、**技術視点でアイデアを考えると課題の設定自体を誤ります。**たとえば、ディープラーニングのこの技術を使いたいという思いが先行して、「この技術でできることは何か？」という視点のみで思いついたアイデアを出してしまう。すると結果として、誰も使わないものができあがってしまって失敗に終わるのです。

一見よさそうと思って取り組んだアイデアでも、**ROIを定量的に試算してみたらわずかしかなかったというケースも少なくありません。**収益に結びつかないと、どうしても全社的なAIに対する期待が冷めてしまいます。すると継続的に取り組むことができなくなり、結局は失敗してしまうわけです。

たとえば、社内でのQ&Aシステムとして社内wikiを利用していたX社のケース。

ある時、その掲示板で、他社がチャットボット（自動会話プログラム）を導入して経費が大幅に削減されたという話が「仕事がはかどりそう」と話題になりました。掲示板以外でも「自社でも取り入れたい」という要望が多くあったことから、1000万円をかけてチャットボットを導入しました。しかし、運用していくなかで、実際の効果を算出してみると、年20万円ほどの経費削減にしかなっていないことが判明してしまいました。

DXの失敗事例の多くは「本当に解決すべき価値ある課題を発見できていないこと」が原因です。繰り返し述べているように、デジタル技術の活用はあくまでも自社の経営課題を解決する手段の1つでしかありません。しかし、デジタル化自体が会社の目的となってしまい、結果として失敗するケースがとても多いのです。

X社の場合、**単に「チャットボットを使うこと」が目的となっていたことがよくわかると思います。**つまり、本来解決すべき経営課題である「コストの削減」がまったく無視されていたわけです。当たり前ですが、会社によって環境は異なります。他社が成功しているからといって自社で同じように導入して同様の効果が得られるとは限りません。

また、「質の高い解決策になっていない」という失敗原因も目立ちます。質の高い解決策とは、最低限のリソースで、解決すべき課題を必要十分に解決しているというアイデアです。「せっかく開発するのならあれもこれも」と足し算していては、本当に必要な機能に対する試作にお金や時間を集中できません。

X社の事例でいえば、「社内wikiの使いにくさ」の解決のためにわざわざチャットボットを導入する必要があるか、社内wikiの使い方講習や階層構造の見直しをすることで改善できないのかなど、事前によく検討する必要がありました。

さらに「収益に結びつくアイデアになっていない」という失敗事例も少なくありません。当たり前の話ですが、多くの予算や時間を要する施策を決定する場合、ROIを考えることが大切です。X社の場合、「チャットボットを使うと仕事がはかどりそうだから」という理由で1000万円を投資しました。しかし、現状のQ&Aシステムの維持費や、社内チャットボットを導入することで削減される時間的コストを概算で考えてみれば、コストに対してリターンが少ないことは明白だったのです。

何も難しい計算ではありません。業務改善の場合、「件数×時間」で損失時間を算出し、「損失時間×人材コスト」で削減できる人件費の概算が可能です。

DX推進、とりわけAI活用は「成功率の低いプロジェクト」ですから、ROIをよりシビアに見極める必要があるでしょう。つまり**さまざまな解決策を一つずつ数字に置き換えて考え、最もリターンが大きい解決策を選定するDXリテラシーが求められるのです。**

ROIを含め、企画フェーズでのアイデアの具体的な評価方法については、第4章で詳しく説明します。

②「組織」の失敗を回避する方法

次に多いのが「人を巻き込めない」という失敗要因。

どんなアイデアのDXプロジェクトでも1つのグループだけで進められる、完結するということは、ほぼありません。たとえばデータの提供や加工など、**さまざまな部門の現場の人たちの協力が必要です。しかし「忙しいからあとにしてくれ」などと断られたりするケースが目立ちます。**

そもそもDXに関するリテラシーがないと、議論自体も前に進みません。協力を求めるミーティングのときに、「AIって何ですか?」といった初歩的な質問が何度も繰り返されたりする。いくら説明しても結局、全社的な理解が深まらず、プロジェクトの進行が停滞し続けるというケースが少なくありません。

なかには、デジタル技術を単なる「備品」、まるで電球1個を取り換えるように安易なものととらえていて、「勝手にやっておいて」と丸投げで済ませている企業も見受けられます。

とりわけ**失敗事例として目立つのは「普段の業務が忙しく、現場での優先順位が下げられれ**

る」「全社の取り組みになっていない」「前提知識に差があり、議論がかみ合わない」というケースです。

現場のメンバーには普段の業務があります。プロジェクトマネージャーが唐突に協力を依頼しても「DXというよくわからないもの」の優先順位は低く、後回しにされてしまうことが多々あるわけです。

この壁をクリアする最初の1歩は、やはりDX推進室はもちろん、プロジェクトマネージャーが関係者に自社でDXを進める中長期的なメリットなどの重要性を説明し、少しでも当事者意識を持ってもらうように努めていくことでしょう。

さらにDXは誰か1人、1部門だけが取り組めばよいものではないし、一過性のプロセスではなく、持続することが重要です。 もちろん、初めてDXに取り組むのであれば1部門からスタートしてもいい。しかし、その後は全社的に広めていき、全社での取り組みとして持続的な「組織・文化」にしていく必要があります。プロジェクトマネージャーはこうした大きな役割を担っていることも自覚すべきです。

また、DXプロジェクトをはじめたとしても、たとえば「AIとは何か?」「何ができて何ができないのか?」を知らなければ、課題の選定や解決策のアイデアについて開発側と現場側の議論が進みません。**プロジェクトマネージャーは初期段階で、関係者のデジタル技術に関する知識レベルを一定のレベルまで引き上げることに注力すべきでしょう。**

③「開発」の失敗を回避する方法

「PoC・開発のマネジメントができない」という失敗は、**ベンダーに丸投げになっており、自分たちで成果を出すために管理ができていない状態です。**

また、外部ベンダーは受託開発という仕事の特性上、ノウハウを顧客の社内に残そうとしません。売り上げを伸ばすというビジネスモデル上のインセンティブが発生してしまうので、ブラックボックス化して、「私がいないとダメ」という状態にすることもあります。特に、データ領域でコアな情報を外部ベンダーが握っている状態だと、改善が遅くなったり、自分たちでいじれなかったりします。

なので、**PoCや保守運用にかかわる技術面のコアな部分は自社でできるように、その知**

見を内部化していくことが必要なのです。そのためにも、最適な外部ベンダーを選定できる、きちんと協力し合いながら進めていける体制を作ることが重要でしょう。

大事なのは、これまで社内で話し合ってきたアイデアなどをしっかり伝え、ベンダーをきちんとコントロールして作業を進めてもらうことです。ところが、それがうまくいかない。具体的には主に3つの失敗パターンがあります。

1つ目のパターンは「要件定義が甘い（期待する成果が曖昧）」というもので、PoCでの失敗事例に多くあるケースです。ベンダーに依頼する際、「こういう感じのものを作ってほしい」と曖昧なゴールのみ要件定義をして、あとは丸投げにしているため、PoCがまったく回っていない企業も少なくありません。

曖昧なゴールのみの要件定義では、ベンダー側はどんな技術をどう使ってどれくらいのレベルのものを開発すればいいかわかりません。また、ベンダー側にしたら要件定義がより具体的な依頼のほうがやるべきことがはっきりしているので、そちらを優先して開発したいと考えて当然でしょう。だから作業が止まってしまうのです。

技術的な要素を含めて、要件定義が甘い依頼は開発前から失敗が見えています。プロジェクトマネージャーは、検討事項を細分化した要件チェックリストを作るなどして、1つずつきちんと定義することが求められます。

2つ目のパターンは「成功の基準がなく、本開発の投資が判断できない」という失敗。ベンダーに開発してもらったものの、「どこまでできていたら成功といえるのか」を事前に定義していないため、PoCの終了後に「なんとなくできている」という印象だけが残ります。結果、本開発への投資の可否が判断できずにPoCにかけたコストがムダになってしまう失敗事例が少なくありません。

これを防ぐには、**要件定義の時点でそのPoCの成功基準を数字で明確にしておくこと。**たとえば、手書き文書を読み取るAI-OCRなら認識率90%以上と決めておく。そうすれば適切な評価が可能でしょう。

3つ目のパターンは「ビジネス適用・運用につなげられない」という失敗。AIプロジェクトではよく「PoC疲れ」「PoC貧乏」といわれますが、実証実験に移ったものの、実際の導入やビジネスに移行しないケースが多々あります。その原因としては「PoCを行うこと自体が目的になっている」「他社の事例を参考に導入しようとした結果、細かい部分で環境が違うため自社には合わなかった」などが挙げられます。

こうした「PoC疲れ」「PoC貧乏」に陥らないように、構想は大きく持ちながらも、まずは「小さな成功事例を築く」ことを最優先に考えるべきです。本開発やビジネスへの移行をきちんと見据えてプロジェクトを進めるようにしましょう。

DXは、たった1人の課題意識からはじまる

さて3つの失敗のうち、最も多いものはどれか。**①「アイデアの質が低い」というのが多くのプロジェクトにかかわってきた私たちの結論です。それを乗り越えられる唯一のはしごは、社員1人ひとりの「課題意識」だと確信しています。**

「業務の効率化」にしろ「提供価値の向上」にしろ、社内でのインパクトが小さかったり、ましてや失敗したりすると、それ以後、DXへの取り組みは沈下してしまいがちです。もちろん失敗しても、社長が「とにかくDXだ！」と旗を振っていたらチャレンジは続くでしょ

うが、そんな会社はごく少数です。

やはりＤＸを継続するためには、いわゆる経営課題にヒットする、そこから逆算したプロジェクトを行うことが重要でしょう。つまり、「会社として解決すべき課題をきちんと解決する」ということ。デジタル技術を導入して、よりインパクトの大きい成果を確実に出していくことが求められます。

ただし全員が全員、自分の会社の課題は何かということを、いわゆる経営戦略と整合するかたちで理解しているわけではありません。基本的には自分の現場、身近な範囲で起こっている困りごとを課題ととらえます。たとえば、目の前にいる顧客がこういうふうに困っているとか、あの部門の人たちとは仲が良くないので連携が取りづらいといった具合に、各自のレイヤー（社内での位置）によって自分ごととしてとらえている課題が違ってくるわけです。

こうしたバラバラな状態では、やはりＤＸのプロジェクトは前に進みません。経営層はこちらが大事だと思っているけれども現場はあちらが大事だと思っているといった認識のズレがあっては、成果は上がりません。

なので理想的には、全員がある1つの課題を「会社の課題」として共有するプロセスがあったほうがいいでしょう。**認識のズレをなくすために、全員がゼロベースで課題と思っている**

ことを出し合い、どれがいま会社として最も解決すべき課題なのかを決めていく。そんな進め方が望ましいわけです。

そして1つの課題を共有したら、その解決にどんなDXが必要なのかを判断しなければならない。当然ながら、その判断はデジタル技術についてきちんと学習していないとできません。デジタル技術は課題解決の手段でしかないので、その判断はDXリテラシーがなければできないわけです。

未来は「予測」ではなく「妄想」するもの

DXにおいてビジネスパーソンに最も求められるスキルは「企画力」です。そして先にも述べたように、**企画フェーズでは「課題の解決策を考える」能力よりも「課題を発見する」能力のほうが格段に重要になります。**

今日では、解決策を考えることはわりと簡単になっています。たとえば、コロナ対策の給付金の遅れ問題でも、デジタル技術を活用してマイナンバーと振込先の口座を紐づけしたら一発で解決するでしょう（実現するかどうかは政治的な要素が多分に絡むのでそう簡単ではありませんが）。そうしたテクノロジーの進歩に加え、いわゆる問題解決の教科書などもビジネスパーソンの間で普及しているので、じつは課題解決のスキル自体の希少性は減ってきているのです。

これは端的にいうと、問題を的確に設定できさえすれば、有効な解決策はいわば自動的に見つかっていくという状況でしょう。つまり今日では、課題発見のスキルの希少性が相対的に高まっているわけです。

よくいわれるように、課題とは「理想像と現状のギャップ（差分）」です。ただし、現状は調査などによってきちんと把握できるいわば模範解答がありますが、**理想像にはそれがなく、ある意味無数の解答が存在します。つまり、発見できる課題の数や質はそれを考える人間の理想像を描く能力によって決まるのです。**

特にDXのプロジェクト企画を考える際には、まず「この会社の業務はどうあるべきなのか」とか「顧客にどんな付加価値を与えていくべきなのか」といった理想像を具体的に描くことができないと、現状とのギャップを認識することもできず、課題についてアイデアを出すことができません。

要は、会社のなかに多様な理想像を描ける「妄想力」の高い人材が増えていかないと、なかなかDXは進まないということです。すなわち**DX人材に求められる企画力とは、自由に理想像をイメージする妄想力に他ならないのです。**

もちろん、理想像がバラバラのままではプロジェクトは進みません。DXの企画フェーズでは、そういう妄想を各人が提案したり、チームや社内全体で共有したりしながら、たくさんの理想像を最終的に1つにまとめる、あるいは取捨選択するプロセス、たとえばワークショップ形式での巻き込みもより重要になってくるでしょう。

ちなみに、いまの10代、20代に「何かほしいモノある?」と聞いても、「あんま、ねえわ」という答えが返ってくるケースが少なくありません。一方で、TwitterやNetflixなど、すぐに人とつながれるサービスや面白いコンテンツを手軽に消費できるサービスを利用する若者たちは相変わらず多いのです。

この状況は、**いわゆる「モノからココロへ」という顧客ニーズの変化のわかりやすい例でしょう。**つまり、デジタル技術を活用したサービスをみんなで共有するほうが、何かモノを所有するよりも価値が高いと考えているのが、いまの若者、すなわち次の世代のリーダーたちなのです。

また、昔は「こういうのが理想だよね」という、一般的に若者たちが目指す「人生モデル」が明確でした。大きな会社に就職して、結婚して、家族を持って、子どもを育てて、一軒家を買って、幸せな人生を過ごす……こうした1つの理想像、成功像が社会的に共有されていたのです。特に高度成長期はそれを若者みんなが目指していた時代です。当然ながら、こうした人生モデルはモノに対する欲求にもリンクしていました。

いまの若者たちにこの理想像は共有されていません。理由としては、ひと通りモノが行き渡った、経済的に諦めている、それぞれがそれぞれの理想像を描くようになったといったことが挙げられます。そして同世代の実感としては、そもそも理想像を描けない若者が増えているという印象が強いのです。

だからこそ、これからますます**「もっと、こういうふうに生きたほうがいいよね」とか「こういうふうに生きたら、より豊かになれるよね」といった理想像を考えられるビジネスパーソン、その妄想を具体的に提供できる企業の価値が高くなっていくでしょう。**

第３章のまとめ

- DX 推進を阻むのは、①アイデアの質が低い、②人を巻き込めない、③ＰｏＣ・開発のマネジメントができないという３つの失敗要因
- ３つの失敗を乗り越えるには、DX 人材を育成し、挑戦をうながし、プロジェクトを実際にやってみるしかない
- 「アイデアの質が低い失敗」は、課題の発見と定量化に力を注ぐことで解決する
- 「人を巻き込めない失敗」を突破するには、経営者・事業部門・人事部・DX 推進部などが DX リテラシーを身に着け、必要性を理解するのが欠かせない
- 「ＰｏＣ・開発のマネジメントができない失敗」を突破するには、決めるべき失敗要件の洗い出しや本開発・運用からの逆算をしたＰｏＣ設計ができるようになる必要がある
- DX は、たった１人の課題意識からはじまる。課題とは「理想像と現状のギャップ」であり、多様な理想像を描ける「妄想力」の高い人材の価値が上がる

第4章

DXプロジェクトの「企画力」がすべての社員に求められる

DXにおける質の高いプロジェクト企画

ＤＸプロジェクトを進めていくうえで、**その実質的なスタートとなるアイデア企画フェーズはとても重要です。この初期段階で最終的な成果の60％が決まるといっても過言ではありません。**あらゆるプロジェクトがそうであるように、ＤＸプロジェクトも「企画の質」が高くなければ成功しないのです。

つまり、ＤＸプロジェクト企画では「本当に解決すべき価値のある課題を見つける」ことが最も重要になります。そうした課題を発見できずにＤＸがスタートで頓挫してしまうケースをたくさん見てきました。

特にＡＩ開発のＰｏＣの成功率は20％といわれています。つまり、1個のＰｏＣを成功させるには、同時に5個のＰｏＣを回す必要があるということ。5個試して1個が成功するのですから、残り4個分にかかったコストを、成功した1個でカバーしなくてはならない。だからこそ、**アイデア企画フェーズで「解決できたらインパクトが大きい課題」をきちんと見極める必要があるわけです。**

ＤＸの企画を考える際、**最もよくある間違いは「デジタル技術を利用することが目的化してしまう」ことです。**特に、ＡＩやブロックチェーンなどのデジタル技術起点でプロジェクトを考えはじめると、たいてい失敗してしまいます。

ＡＩなどの先端デジタル技術を利用しなくても解決できる課題も多くあるので、その利用にこだわらず、あくまでも「この課題に対して、最も大きなＲＯＩを得られる解決策は何か」という視点で、企画を検討することが重要です。

第1章でもお伝えしましたが　まずは、デジタル技術に関する基礎能力を身に着けて、１歩ずつステップアップをしていくことが、成功のキモです。

さて**ＤＸプロジェクト企画とは、「解決すべき課題」と「解決策」がセットになっているもの**を指します。ここからより詳しく、質の高いプロジェクト企画を考える方法について、解説していきましょう。

課題設定の段階で、効果の上限が決まる

企画を考える以前に、そもそも「解決すべき課題が出てこない」というケースが少なくありません。**アイデア自体は出てくるものの、会社全体から見たときに優先度の低い課題であったり、ROIが低かったりしたら、それはやはり解決すべき課題とはいえないのです。**

要するに、DXにおける質の高いプロジェクト企画とは**「解決すべき度合いの高い課題を、高い質で解決できるプロジェクト」**のことです。

課題を解決した際の価値や効果は、課題の質によって決まります。課題の質とは、課題を解決したときに、どのくらいの効果やインパクトを与えられるかということです。つまり、解決すれば多くの利益や顧客獲得につながる課題は解決すべき度合いが高いといえます。こうした度合いの高さは、主に定量分析によって見積もることが可能です。一見効果が高そうでも、実際に分析を行い数値化することで、あまりインパクトを生み出しそうにない課題をふるいにかけることができます。

DXの企画を考える際には、必ず数値に直して考えるようにしましょう。また、たとえ定

図4-1｜解決すべき価値のある課題を見つける必要性

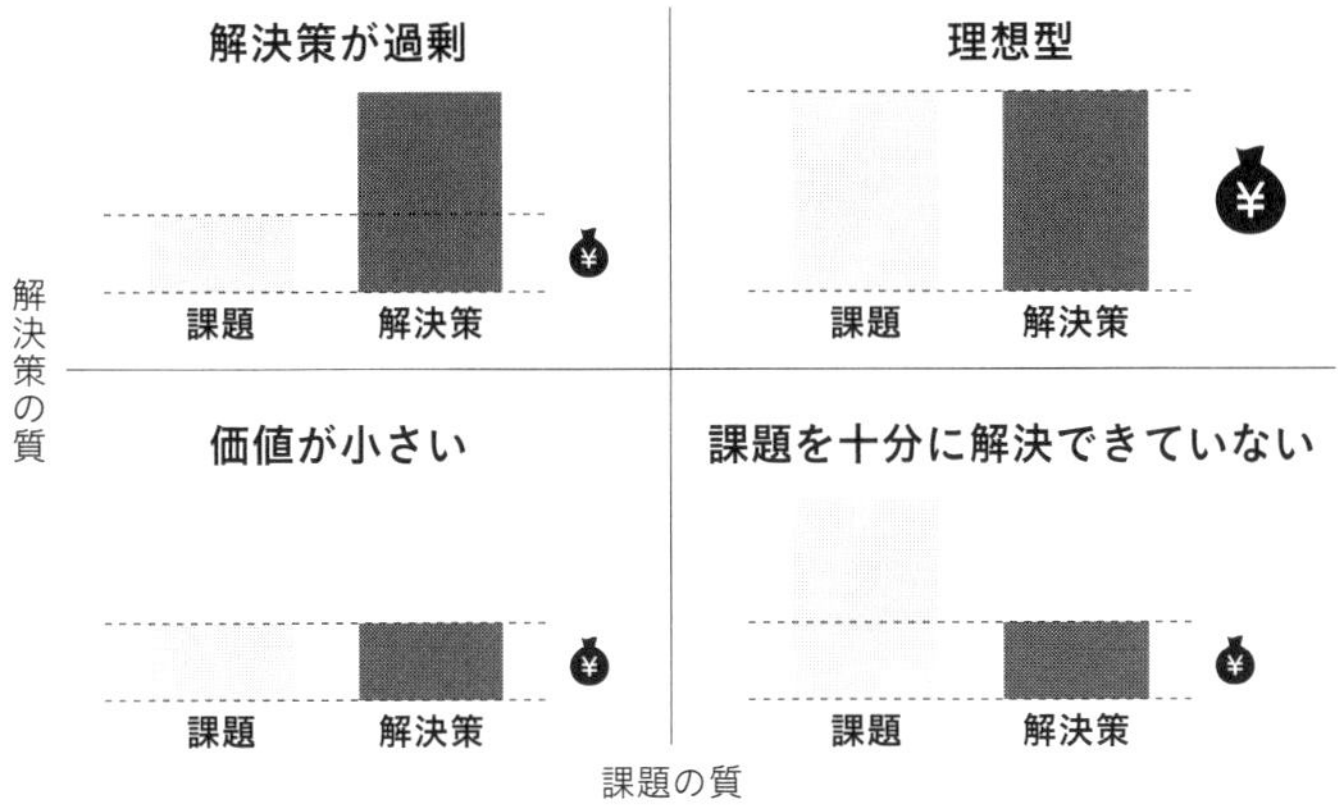

量分析が難しい課題であっても、できる限り数値に直して考える習慣を持つことが大切でしょう。

「高い質で解決」というのは、**「最低限のリソースで、解決すべき課題を必要十分に解決している」ことです。**必要以上に高度なデジタル技術を用いるとコスト増大につながり、プロジェクトの質を低下させてしまいます。つまり初期段階であるアイデア企画フェーズで、どんな技術を用いて課題を解決していくかを考えておくことが非常に重要なのです。

図4-1と**図4-2**に「課題の質」と「解決策の質」に注目して企画の価値を評価する際の概念図を示しました。左下は、小さな課題を必要十分に解決している状態ですが、課題が小さい

図4-2　解決策ではなく課題の質を重視する

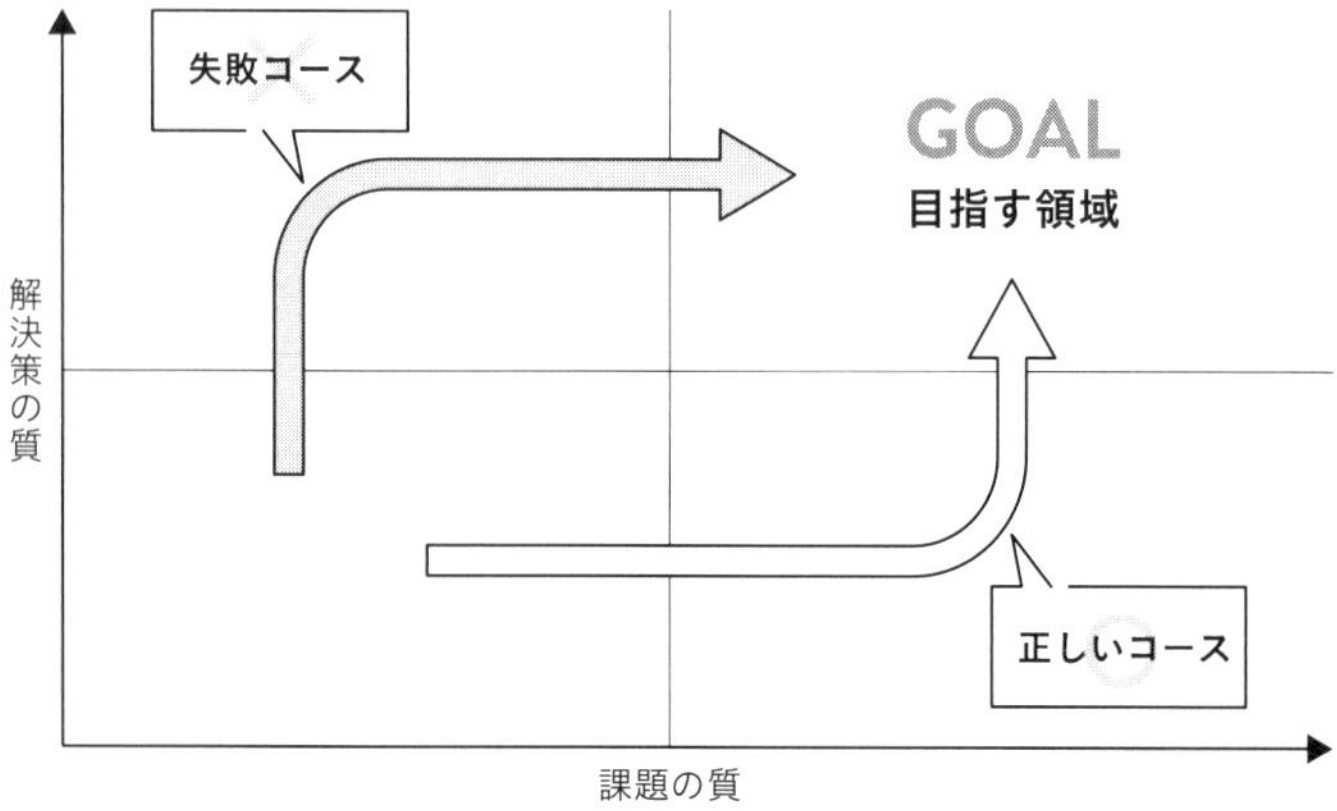

ので、価値も低いです。

右下は、大きな課題を見つけたけれども、解決策が追いついてない状態です。ここからさらに大きな課題に対して、解決策を考えていき、右上の理想的な状態に移行していかなければなりません。

左上は、課題は小さなままで、解決策に力を注いでいる状態ですが、課題に対して解決策が過剰なので、価値は低いです。**これではいくら解決策に投資しても意味がないので、一番やってはいけないパターンです。**

たいていの場合、プロジェクトのアイデアを出しはじめた段階では、左下にいます。一番やってはいけない失敗パターンは、ここから左上に行くことです。この領域は、高度な技術を使わなくても解決できる課題に対して、ふんだんにAIを盛り込んでいるようなものです。**小さな課題に対して、過剰な解決策を作り込んでも、課題が小さいので効果の上限は決まっています。**

解決策を考えるのは楽しいので、左上の領域に行こうとしてしまう気持ちはよくわかります。ですが、その気持ちをぐっとこらえて、まず効果の大きな課題を見つける努力をしましょう。

課題発見フェーズの進め方

ここまで述べてきたアイデア企画フェーズでの注意点を踏まえ、その進め方をフレームワークに落とし込んでおきます。DXプロジェクト企画を考える際のフレームワークは大きく「課題発見」のフェーズと「課題解決」のフェーズに分けることができます（図4-3参照）。

最初に取り組むべきは課題発見です。つまり、**解決すべき課題を見極める段階なのですが、このフェーズで失敗してしまうと、その後どれだけ努力してもDXの成果は得られません。**

図4-3 | 課題発見フェーズ

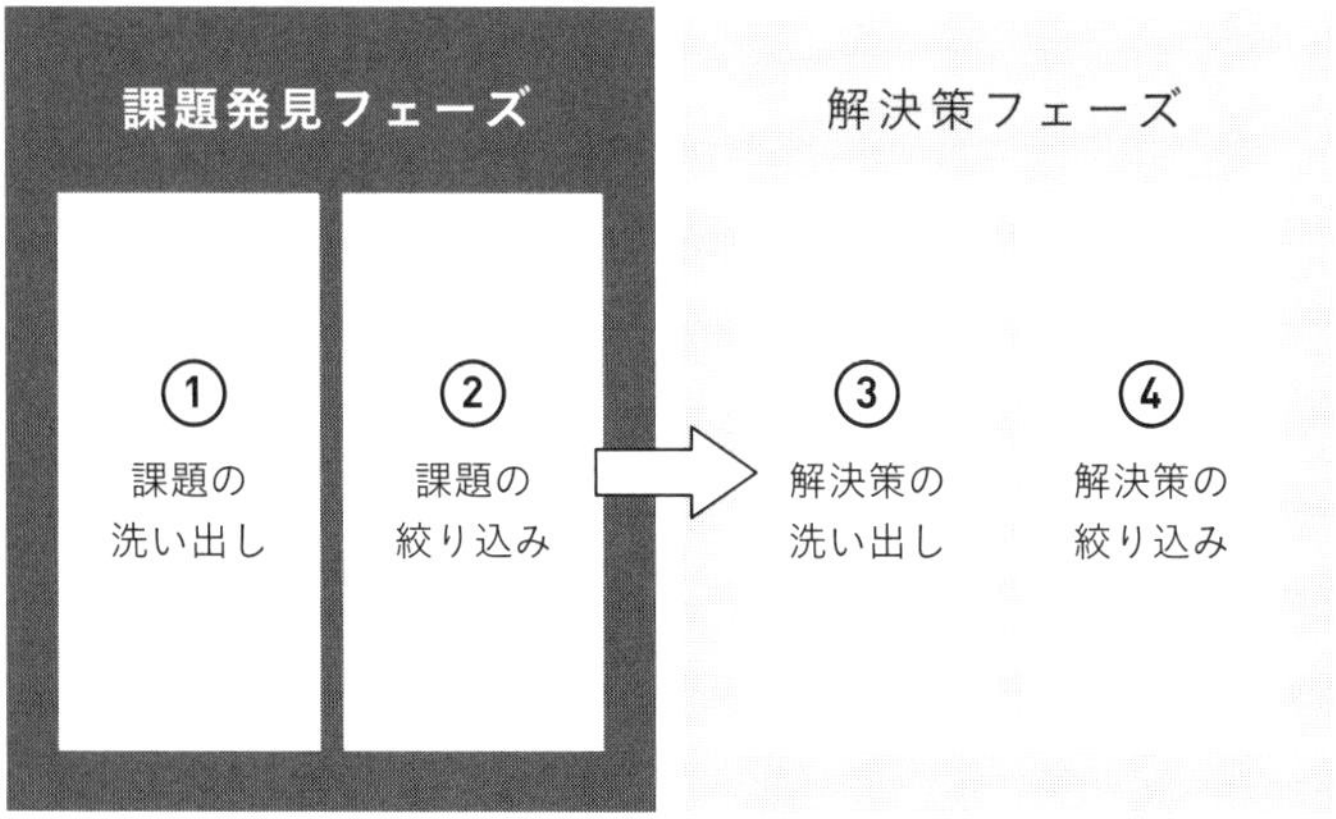

人間は解決策のほうが考えやすいので、プロジェクトチームなどでの議論もすぐにそちらに流れがちです。しかしそこをぐっととらえて、解決すべき課題の見極めに力を入れていくことがDXを成功に導きます。

課題発見フェーズで行うのは前述した「解決すべき度合いの高い課題」を発見することです。そのためには、①課題の洗い出し、②課題の絞り込み、という2段階に分けて順番に考えていくとよいでしょう。

① 課題の洗い出し

最初に行うのは①課題の洗い出しです。繰り返しになりますが、**課題とは「理想と現状のギャップ」**（図4-4参照）のことです。つまり、

図4-4 | 課題とは「理想と現状のギャップ」

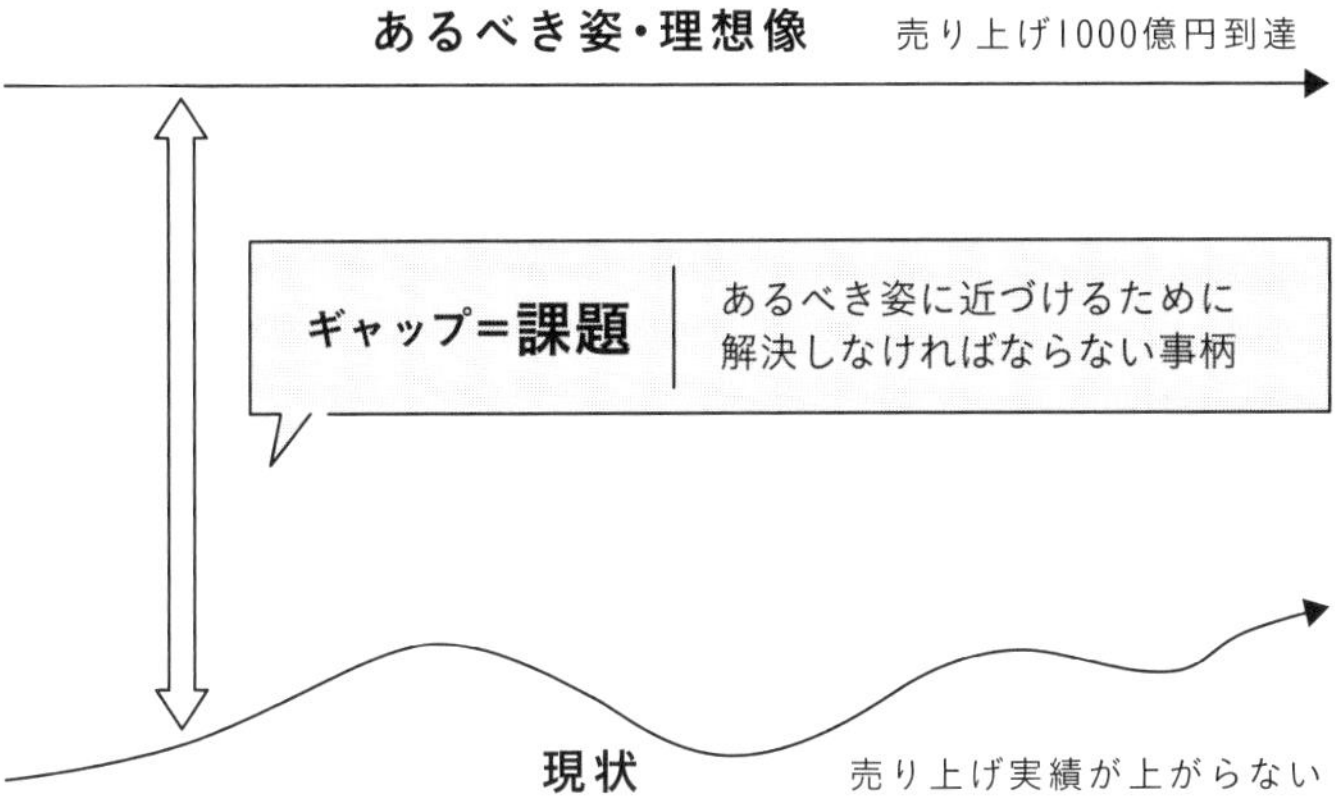

理想が見つけられていなかったり、理想像が正しくなかったり、現状の認識がずれていたりすると課題は見つけられないということです。

なので、まずはDXのプロジェクトチームで、理想と現状をすり合わせながら、そこにどんなギャップがあるのか話し合います。たとえば、理想が食い違っていたら、先に正しい理想を定義するところからはじめましょう。現状の認識については感覚や印象ではなく、なるべく数値など定量的なものをベースに議論してそろえるようにしましょう。

課題に関しては、**図4-5**のようなフォーマットで整理していきます。

課題フォーマットの5つの項目について説明していきます。

図4-5 課題を整理するためのシート

項目	概要	具体例
業務工程	業務工程の簡単な名称を記載	○○(製造物)の品質検査
業務内容	業務内容を簡単に記載	○○（製造物)の検査工程において、最終的な外観検査を人の目で行っている。
課題	具体的にどのような課題や困りごとがあるのかを記載	人によって検査基準が曖昧で、検査の品質が安定しない。
原因	課題がなぜ発生しているのか、なぜ解決されずに放置されているかをわかる範囲で記載	チェック項目が多岐にわたっていたり、基準も明文化されていないため。また、人手不足も原因の1つ。
優先度／優先順位	課題に取り組むべき優先度を「高」「中」「低」の3つから選択	高

まず**1つ目は、業務工程**です。ここには業務工程の簡単な名称を記載してください。たとえば、「〇〇という製造物の品質検査」のようなイメージです。

2つ目は、業務内容です。業務内容を簡単に記載してください。業務工程でボトルネックとなる作業に着目すると書きやすいと思います。

たとえば、「〇〇という製造物の検査工程において、最終的な外観検査を人の目で行っている」といった業務工程を記入します。

3つ目は課題です。具体的にどのような課題や困りごとがあるのかを記載してください。たとえば、「人によって検査基準が曖昧で、検査の品質が安定しない」といった困りごとを記入します。

4つ目は原因です。課題がなぜ発生しているのか、なぜ解決されずに放置されているのかをわかる範囲で記載してください。

たとえば、「チェック項目が多岐にわたっていたり、基準も明文化されていないため。また、人手不足も原因の1つ」といった具合です。ここは正確ではなくてもよいので、仮説ベースでもかまいません。

5つ目は優先度です。自分が所属する部門のなかで、この課題に取り組むべき優先度を「高」「中」「低」の3つから選んでください。

ちなみにＳＴＡＮＤＡＲＤのワークショップでは、課題の洗い出しとして、最初に参加者みんなで２００個のアイデアを出してもらっています。それを整理する議論のなかで、理想と現状のすり合わせを行い、いくつかの「本当の課題」に絞り込むようにしています。課題の質が上がってこないチームは、単純にアイデアの数が少ない傾向にあります。**数が少ないと、どうしても質が低いアイデアに固執してしまうのです。**まずは２００個のアイデアを出すことを目標にして取り組みを進めていくと、結果として質の高いアイデアが出てきます。量は質に変化するという意識をもって取り組んでいきましょう。

しかし、急に課題を出せといわれても困る方もいらっしゃると思います。

そんな方におすすめしている考え方として「ＥＣＲＳ（イクルス）の原則」があります。

詳しくは左ページのコラムで説明しているのでぜひ実践してみてください。

COLUMN

課題が出てこないときは……？

ECRSの4原則

業務改善のアイデアを考えるうえでの、順番と視点を示したフレームワークに「ECRS」というものがあります。

ECRSは、英語のEliminate（排除）、Combine（結合）、Rearrange（入れ替え）、Simplify（単純化）の頭文字をとったものです。

ECRSでは、考える順番が大切になります。「E↓C↓R↓S」の順で業務の改善を検討することで、大きな改善効果を得ることができます。

図4-6　ECRSの4原則

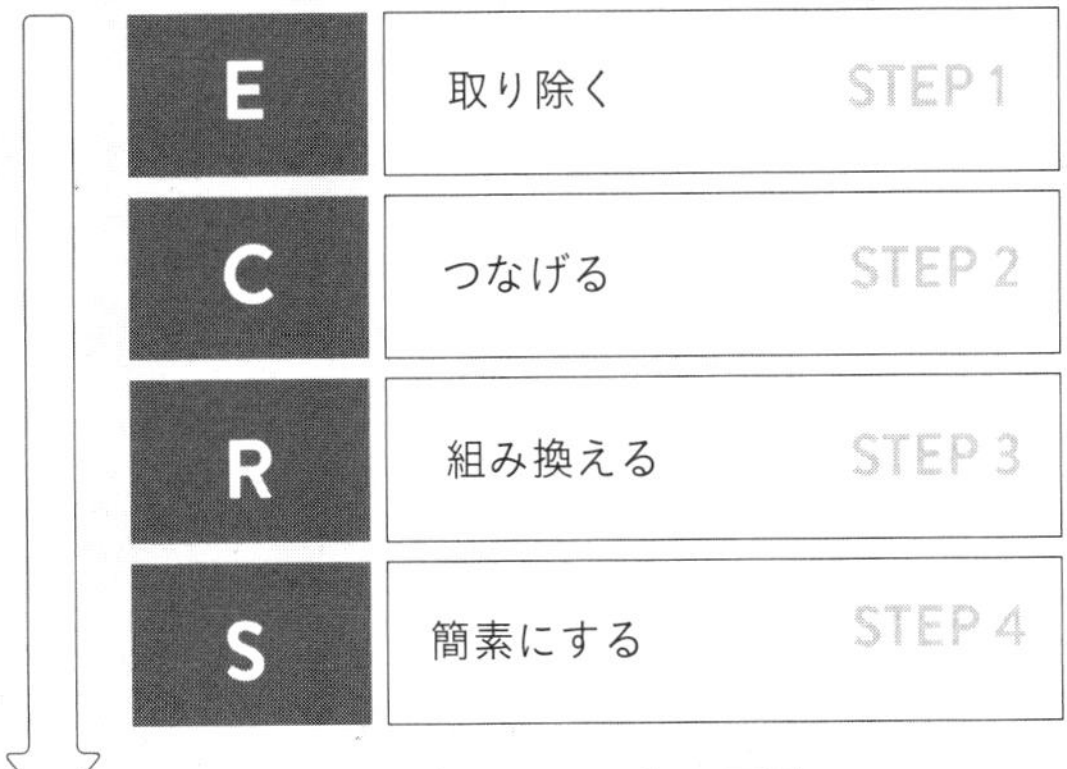

ECRS（イクルス）の原則

1　Eliminate（排除）

最初に考えるべきなのは「その仕事を排除できないか？　なくすことはできないか？」という視点からのアイデアです。時間は常に限られているので、改善には限界があります。なので、いっそのこと「仕事をなくせないか？」と発想することで、大きな時間を確保することができます。

特に、長年の習慣や引き継いだ業務のなかには、そもそもなぜこの仕事が必要なのかわからないといったものや、役に立たないけれど仕方なくやっている仕事などが含まれていることが多いです。

たとえば、定例会議や紙での資料共有などが考えられます。なんとなく定期的に会議をしているけれど、特に成果が生まれない会議。PDFで共有すれば十分なのに、毎回印刷して紙で提出している業務。本当は心のなかで気がついている非効率な業務を、勇気をもって排除していきましょう。

2　Combine（結合）

次に考えるのは「別々の仕事を1つに結合できるか？　分業している仕事を1つにまとめることができるか？」という視点です。

ほとんどの企業が会社として大きな成果を生み出すために、分業という仕組みを取り入れています。分業することで、各個人の専門性を高め、生産性を向上させるメリットがあるからです。しかし、上手に業務を分けないとかえって非効率になってしまう場合もあります。分業するためには、コミュニケーションが必要です。コミュニケーションコストのほうが大きくなってしまう場合には、業務を分けずに、1人分の業務として整理するのがよいでしょう。

3 Rearrange(入れ替え)

3つ目は「仕事の順番を入れ替えるとどうなるか？ どの順番だと成果につながるか？」という視点です。

たとえば、資料作成を依頼された場合の仕事の進め方。Aさんは、資料が9割ほど完成してから、上司にレビュー依頼をしました。しかし、上司が思っていた資料とはかけ離れており、一からやり直しになってしまいました。

Bさんは、資料の構成がある程度かたまった段階、つまり2割ぐらいの進捗の状況で、上司にレビュー依頼をして、方向性を擦り合わせ、7割の段階でも、レビューを依頼し、無駄なく完成まで持っていきました。

このように、業務のステップをどのように入れ替えると、ミスを少なくして、大きな成果を出せるのか、という視点からアイデアを考えてみましょう。

4 Simplify（単純化）

最後の視点は「もっと楽な方法で業務ができないか？　ITツールなどを導入できないか？」という視点です。

最近では、紙に印鑑を押すかたちではなく、クラウド上で電子契約ができるサービスが普及してきました。印刷をして、郵送して、押印して、送り返して……という従来の業務が、クラウド上で1分で終わるようになると、相当楽になります。

このように、ITツールなどを使って、劇的に楽になるような業務は何かを考えていくのもおすすめです。

図4-7 | 優先順位を絞り込む

No.	業務工程	業務内容	課題	原因	優先度	優先順位
1	工程A	…	…	…	**高**	**1**
2	工程A	…	…	…	中	4
3	工程B	…	…	…	**高**	**2**
4	工程B	…	…	…	低	6
5	工程B	…	…	…	**高**	**3**
6	工程C	…	…	…	低	5

② 課題の絞り込み

①で課題を大量に洗い出したら、そのなかから**優先順位が高い課題を絞り込んでいきます。**基本的には、優先度が「高」の課題から取り組んでいきますが、「高」がたくさんある場合も往々にしてあります。**（図4－7参照）**

そんなときに行うのが、定量分析です。つまり、**課題解決によって予想される「成果」を具体的に数値化する段階です。**新規事業のＤＸなら営業利益の見込み、業務改善のＤＸなら削減できる人件費など、その課題を解決した場合、どれくらいの成果が期待できるのかを概算します。

概算の際には、さまざまな要素を式として分

図4-8｜課題解決の価値を見積もる

売り上げ・利益向上の場合

顧客 × 単価 ＝ **売り上げ**

売り上げ － 経費 ＝ 営業利益

業務改善の場合

件数 × 時間 ＝ **損失時間**

損失時間 × 1人当たりの人件費 × 人数 ＝ 削除できる人件費

損失時間 × 時間当たりの売り上げ ＝ 損失利益

解しながら考えるのがおすすめです。売り上げは、「顧客×単価」に分解できる。削減できる人件費は、「損失時間×1人当たり人件費×人数」に分解できる。そうすると、どれだけ解決する価値のある課題なのかを見積もることができるわけです**（図4-8参照）**。

ただし、この段階で正確な値を出すことは難しい場合が多いです。大切なのは正確性よりも、ざっくりした概算をスピーディーに出すことになります。

DXのプロジェクトを本格的に進めていくと、数百万〜数千万円の費用がかかってきます。その課題を解決した際に、費用以上の効果が得られない企画は意味がありません。

解決策フェーズの進め方

解決策フェーズでは、①解決策の洗い出し、②解決策の絞り込みという2段階に分けて順番に考え、最適な解決策を導き出します。

最も適した解決策とは、前述のとおり「最低限のリソースで、解決すべき課題を必要十分に解決している」ものです。必要以上に高度な技術を用いるとコスト増大につながり、プロジェクトの質を低下させてしまいます。

先にも述べましたが、ほとんど企画を練らずに「なんでもAIで解決しよう」と安易に実行に移し、余計なコストをかけてDXプロジェクトに失敗する企業をたくさん見てきました。

つまり、**どんな技術を用いて課題を解決していくか、あるいは技術を用いなくても解決できる課題なのか、きちんと解決策フェーズで検討することが重要なのです**（図4-9参照）。

まずは、解決策の質が低くなるパターンを解説していきます。

図4-9 | 解決策フェーズ

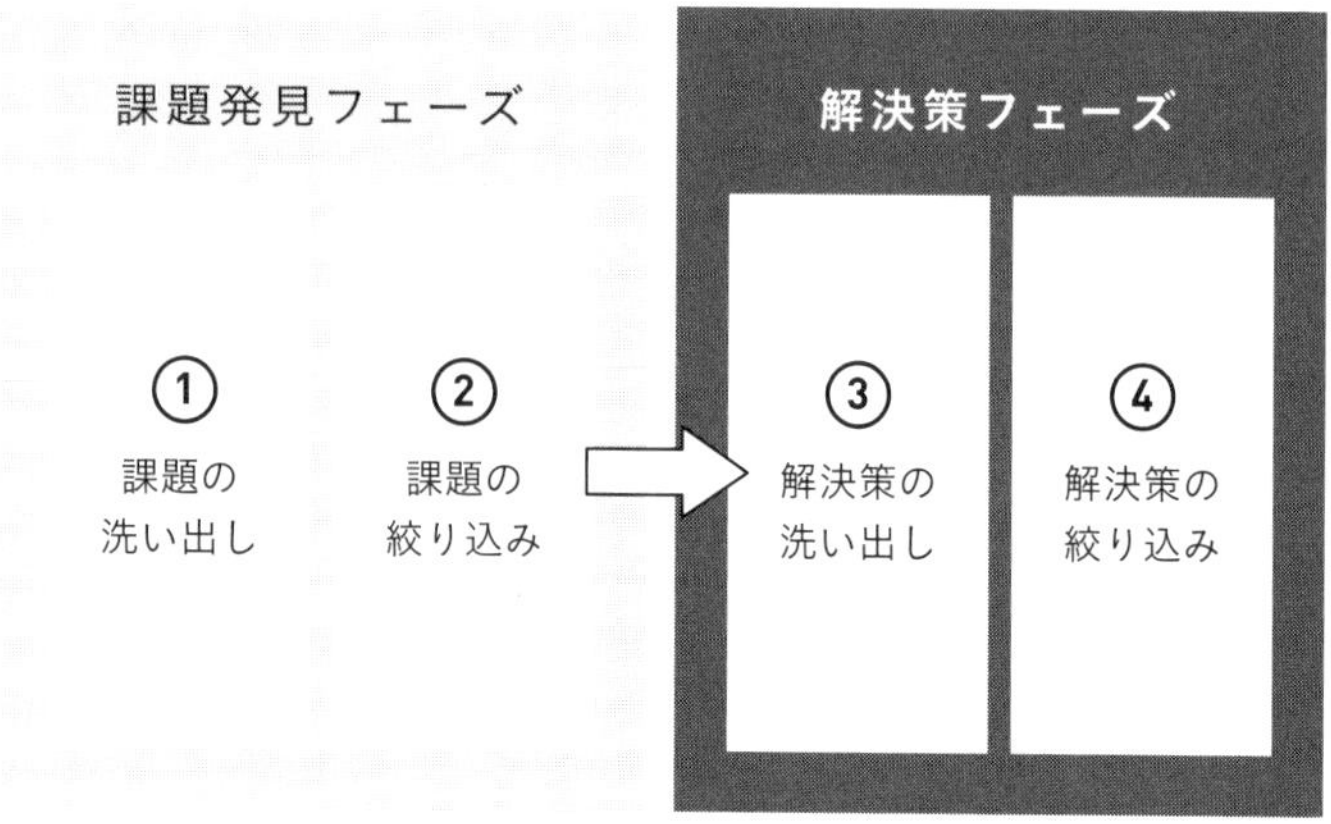

一つ目のパターンに「技術がマッチしていない」ものがあります。解決策として使用する技術が、要件に当てはまっていないということです。

たとえば、１００％の精度が必ず求められる課題に対して、ＡＩを解決策として取り入れるのは適していません。また、もっと簡単で低コストな解決策があるのにもかかわらず、新しい技術を使うことに固執してしまうパターンもよく発生します。

２つ目のパターンとして「他社事例をそのままマネする」ということがあります。プロジェクトを企画していくときに、事例を参考にするのはよいことです。しかし、他社事例をそのままマネして失敗するケースが多く見受けられます。事例を見る際には、どんな背景や課題があったうえで取り組んだのか？　自社の状況の相違点はどこか？　という視点を忘れずに参考にしていくと、よりよい解決策に近づきます。

第2章でもさまざまな社内問い合わせに対して、とりあえずチャットボットを使った事例を紹介しました。

いざ完成したチャットボットのシステムは使いにくく、精度も低く、利用者が少なすぎて廃止。その当時の技術では、なかなか実用レベルの、会話の精度を出すことができないという技術のアンマッチという壁があったことや、本当にチャットボットという解決策が正しいか？　という視点なしに導入されてしまい失敗に終わった。他社でもそんな失敗ケースが多く見受けられました。

新しくてすごそうな技術やアイデアは多くの人が関心を持ちやすい。なので「なんとなくすごそう」からはじめてしまい、解決するべき度合いが低い問題に対処してしまったわけです。それが必ずしも課題を解決する手助けをしてくれるとは限らないことは、いうまでもないでしょう。

繰り返しになりますが、解決策を考えるほうが楽しいので、そっちにすぐ手をつけてしまうのが人間の特性かもしれません。でも、そこをぐっとこらえて、自社の本当に解決すべき

図4-10 ｜ 解決策の洗い出し

どの解決策を選べばよいか？

1 ITを使わずに解決すべき課題	2 ITツールやSaaS等で解決すべき課題	3 独自システム開発で解決すべき課題
業務プロセス変更 ルール・制度整備 組織・人事変更 職場環境改善 マネジメント強化 コミュニケーション改善	ITツール導入 SaaS導入 RPA導入	既存システムの改善 既に稼働しているシステム等の改善、機能追加を検討 新規システム開発 ゼロベースで理想的なシステムを設計、開発していく 新技術対応 AI、IoT、ブロックチェーンなどの先端技術が使えるかを検証

検討順序 →

課題は何なのか？ それに対して、どんな解決策が最適なのか？を考えていくようにしましょう。

① 解決策の洗い出し

大切なのは、解決すべき課題に対して、**何が最もシンプルな解決策なのかを考えるということです。** たとえば、会計処理に関する課題なら、すでに導入されているITシステムのブラッシュアップで対応できる企業も多いはずで、それが必要十分な解決策になります。

そこで解決策の選定にあたっては、課題発見フェーズで決めた課題が「①ITを使わずに解決すべき課題」「②ITツールやSaaS（クラウドで提供されるサービスとしてのソフトウェア）等で解決すべき課題」「③独自システム開発で解決すべき課題」のうち、どれに当たるのかをまず検討しましょう**（図4-10参照）**。

「①ITを使わずに解決すべき課題」とは、社内のルールづくりやマネジメントなど、デジタル技術を使わなくても解決できるような課題です。

まずはじめに検討すべきは、このような「ITを使わずに、ルールやオペレーションを変えることで解決できないか？」です。これで解決するのが難しそうであれば、次にいきます。

「②ITツールやSaaS等で解決すべき課題」とは、既存の何かしらのITツールやSaaSなどを導入することで、比較的容易に課題を解決できるような課題です。たとえば、ルーティン化されたPC画面操作で行っている業務は既存のRPAツールで対応できるでしょう。

極力、②で解決できるのが理想的です。現在では、さまざまなITサービスが出てきており、たいていの問題は解決することができます。また、導入できないボトルネックとして、自社の業務プロセスとフィットしないという発想があります。これは考え方を改めるべきで、ソフトウェアやITサービスを主軸として、そこに自社のオペレーションを合わせに行くという発想が必要でしょう。ソフトウェアやITサービスには、世の中のベストプラクティスが盛り込まれています。それに逆らうよりも、うまく取り入れたほうが、結果的に生産性が高まるからです。

「③独自システム開発で解決すべき課題」に関しては、最後に検討しましょう。システム開発には、多額のお金が必要になります。可能な限り②で解決したほうがよいのです。どうしても解決できるツールがない場合にのみ、③を検討します。

独自システム開発の際は、考えなければいけないことが増えていきます。また、各技術が解決策としてフィットしているのかを判断するには、ある程度の技術力が必要になります。

たとえば、ＡＩで解決できる課題としては、画像認識や音声認識をはじめとした認識問題、数値による統計分析や自然言語処理などの分析問題、経路やマッチングなどの最適化問題などが挙げられます。具体的には、製造現場の品質検査などはＡＩ向きの課題ですし、領収書の科目別自動分類などはコストがかかり過ぎるのでＡＩに不向きの課題といえます。

そしてＡＩを使う場合には、この段階でアルゴリズムの選定や目的変数、説明変数について考える必要があります。つまり「どのような方法で」「どのような数値を」「どのようなデータを用いて」学習させるのかは、きちんとアイデア企画フェーズで決めておくことが重要です。さらに、必要なデータの集め方などについても具体的に検討しておくと、よりスムーズに開発段階に進めるでしょう。

また、「AIを使うことで、どのようなメリットを誰に提供できるのか」を、①解決策の選定の段階できちんと言語化しておくことも、「結局使えないもの、売れないものができてしまう」というよくある失敗を防ぐためには重要です。

このように、考慮しないといけないことが増えると、プロジェクト失敗のリスクが高まります。しかし、攻めのデジタル活用をしていく際には、独自システム開発が必要になってくるケースが多いのです。

以上のことを考慮しながら、解決策を整理するフォーマットについて説明していきましょう**（図4-11参照）**。

1つ目は、解決策の種類です。「①ITを使わずにオペレーション改善で解決すべき課題」「②ITツールやSaaS等で解決すべき課題」「③独自システム開発で解決すべき課題」「④その他」の4つの種類から、一番近いものを選んでください。

2つ目は、具体的な解決策です。課題を、具体的にどのように解決していくかを記載してください。たとえば、「検査工程に画像認識のAIを導入する。AIで判断が難しいケースのみ人が対応することで品質の安定化と人材不足の課題を解決する」のようなイメージです。

3つ目は、定量的な想定効果です。課題を解決できると、どのくらいの改善インパクトが

図4-11 | 解決策シート

項目	概要	具体例
解決策の種類	「オペレーション改善」「ITツール・サービス導入」「独自システム開発」「その他」の4つから種類を選択	独自システム開発(AI・画像認識技術の活用)
具体的な解決策	課題を具体的にどのように解決していくのかを記載	検査工程に画像認識のAIを導入する。AIで判断が難しいケースのみ人が対応することで、品質の安定化と人材不足の課題を解決する
定量的な測定効果	課題を解決できると、どのくらいの改善インパクトがあるか定量的に計算	工場の1ラインにつき5人検査員がおり、時給1000円で働いている。AI導入で90%の稼働を削減すれば、1000円×8時間掛ける365日×10ライン×90%=約2600万円を1年間で削減できる
優先度	1つの課題に対して複数の解決案がある場合に優先度を記載	高(年間2600万円の削減)

あるか定量的に計算してください。難しい場合は、課題を放置したときのリスクを記載してください。たとえば、「工場の1ラインにつき5人検査員がおり、時給1000円で働いている。AI導入で90%の稼働を削減すれば、1000円×8時間×365日×10ライン×90%=約2600万円を1年間で削減できる」といったイメージです。

4つ目は、優先度です。1つの課題に対して複数の解決策がある場合に優先度を記載してください。定量的な想定効果をもとに優先度を記載してください。想定できるコストを洗い出し、ROIを算出するわけです。

①解決策の選定の段階で概算した「成果」は、ROIでいえば、「リターン」の部分だけでした。それに対して、この段階では選定した解決策を構築するためにかかるコスト、つまりROIの「インベストメント」がどのくらいかかるかを、可能な限り具体的に数値化します。どんなプロジェクトでもROIの試算は必須でしょう。

ただしDX、特にAIの場合、開発コストの相場観があまり知られていないので、ともすると「どんぶり勘定」ですまされがちです。そのため、開発の途中で「そんなにかかるのか、聞いてない」などとストップがかかるケースも少なくありません。**やはりDXプロジェクトを円滑に進めるためには、解決策フェーズできちんとROIを示して、経営層を含め全社的なコンセンサスは得ておくことが重要なのです。**

② 解決策の絞り込み

ここまで「①解決策の洗い出し」について説明してきました。解決策は、ただ1つに定まるというよりは、何個かパターンが生まれることのほうが多いので、そのなかから最も効果的な解決策を選定するのが、次のステップ「②解決策の絞り込み」になります。

洗い出した解決策を絞り込む方法として、最もよく使われているのはQCDフレームワーク**（図4-12参照）**でしょう。これは、「Quality（品質）」「Cost（費用）」「Delivery（納期）」という3つの評価軸ごとに複数の解決策の優劣を判断し、総合点で比較することによって絞り込んでいくフレームワークです。それぞれの評価軸で検討することは以下になります。

Quality（品質）で考えること

・選択した解決策で、課題が解決されるか
・どの程度課題が解決されるか

Cost（費用）で考えること

・どれくらいの費用がかかるか

図4-12 ｜ QCDフレームワーク

QCDフレームワーク

Quality（品質）	・選択した解決策で、課題が解決されるか ・どの程度課題が解決されるか
Cost（費用）	・どれくらいの費用がかかるか ・費用対効果が見込めるか
Delivery（納期）	・納期がどのくらいか ・スケジュールが遅延しないか

評価方法例

項目	解決策A	解決策B	解決策C
品質	○ 問題なし	○ 問題なし	△ 懸念点あり
費用	○ 30万円	△ 100万円	× 300万円
納期	× 2カ月	△ 1カ月	○ 3週間
実現性	× 工数不足	○ 対応可能	△ 承認困難
総合評価（優先順位）	△ (2)	○ (1)	× (3)

図4-13 ｜ 解決策の絞り込み

No.	課題	解決策の種類	具体的な解決策	定量的な測定効果	優先度
1	課題①	独自システム開発	…	約3000万円／年削減	**高**
1	課題①	オペレーション改善	…	約500万円／年削減	中
2	課題②	ITツール導入	…	約1500万円／年削減	**高**
2	課題②	オペレーション改善	…	約100万円／年削減	低
2	課題②	その他	…	約50万円／年削減	低
3	課題③	独自システム開発	…	約500万円／年削減	中

各課題に対して最も効果的な解決策を選定します

・費用対効果が見込めるか

Delivery（納期）で考えること

・納期がどのくらいか
・スケジュールが遅延しないか

これら3つの評価軸に、さらに「実現性」を加えて、複数の解決策を総合評価で比較します。

なお、**QCDのフレームワークはトレードオフの関係にあります。**たとえば、コストを抑える最も簡単な方法は、クオリティーを犠牲にすることです。その他にも、クオリティーを上げようとするとコストが増えたり、納期を短縮しようとするとクオリティーが下がったりします。なので、重要視する基準を社内でそろえることが重要です。

COLUMN

データを価値に変換する

DIKWピラミッド

デジタル技術を語るときに欠かせないのがデータの重要性です。よく「Data is New Oil」といわれますが、データ活用は特にAIを導入して価値を出すためのキードライバーです。ただ実際は、世の中のほとんどのデータは埋もれています。なのでDXにおける目標を一般化すると、「データを価値に変換する仕組みを作る」という言い方ができるでしょう。

「DIKWピラミッド」と呼ばれる情報を

図4-14｜DIKWピラミッド

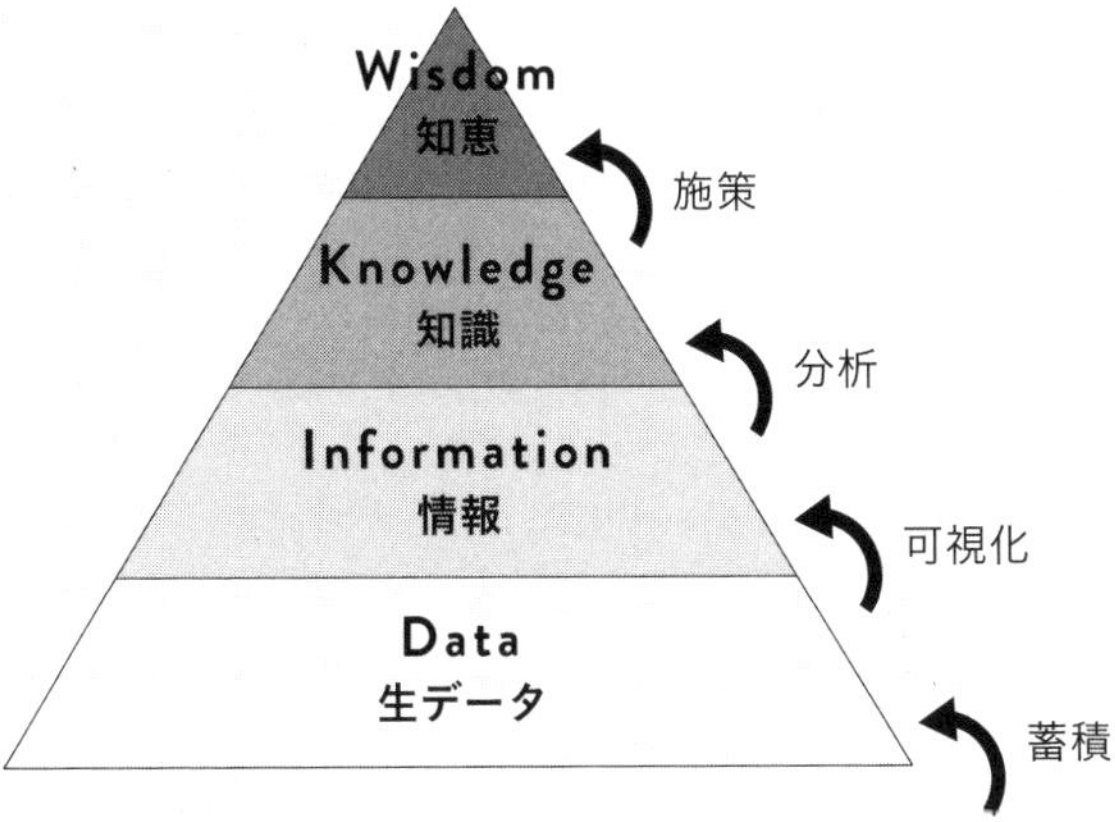

解釈するためのフレームワークを使って言い換えると、「データを価値に変換する」という意味合いがよりイメージしやすくなると思います**（図4－14参照）**。

DIKWピラミッドは4つのフェーズで構成されています。第1ステップはData（生データ）の状態です。情報の素材として、整理されていないデータです。

第2ステップはInformation（情報）です。データを何かしらの基準でカテゴライズしたものを指します。第3ステップはKnowledge（知識）です。Informationから導き出される規則性や傾向のことと定義されています。

最後の第4ステップはWisdom（知恵）です。Knowledgeをもとに、それをどのように生かすかを考えることがそれに当たります。

このフレームワークを使って言い換えると、「データを価値に変換する仕組みを作る」は、「DataからWisdomの流れを作る」となります。つまりDX推進は、まず「Wisdomとして何を必要とするのか？」という最上流を決め、そこから逆算してDataまでを設計することが、その進め方の基本になるというわけです。

また、データを価値に変換する仕組みでは「データサイクルを回す」ことが重要です。

これは、データの「蓄積→可視化→分析→施策」という一連の流れを作ることですが、これもDIKWピラミッドを使って言い換えることができるでしょう。

つまり、データを「蓄積」してDataにし、Dataを構造化しカテゴライズする「可視化」を経てInformationにし、何かしらの規則性や傾向を「分析」してKnowledgeにし、何かしらの「施策」に移してWisdomにする。その施策を実施することで、また新しいDataが追加され、またデータサイクルが回りだすのです。

要するに「データサイクルを回す」とは、「蓄積＝Data→可視化＝Information→分析＝Knowledge→施策＝Wisdom」という一連の流れによって、データ価値の拡大再生産をする営みに他なりません。これが「データを価値に変換する仕組みを作る」ということです。

第4章のまとめ

- 「組織・文化を創り続ける」ためには、個人単体ではなく会社全体でデジタル技術に対して親和性を上げていく必要がある
- アイデア企画フェーズで最終的な成果の60%が決まるといっても過言ではなく、DXプロジェクトは「企画の質」が高くなければ成功しない
- DXの企画を考える際、最もよくある間違いは「デジタル技術を利用することが目的化してしまう」こと
- 課題を解決した際の価値や効果は、課題の質によって決まるので、課題を解決したときに、どのくらいの効果やインパクトを与えられるのかを定量化して考えるのが大切
- 量が質につながる。数が少ないと、どうしても質が低いアイデアに固執してしまうので、まずは200個のアイデアを出すことを目標にして取り組みを進めていくとよい
- 最低限のリソースで、解決すべき課題を必要十分に解決することを意識する。必要以上に高度なデジタル技術を用いない

第5章

脱・DXごっこ！価値あるPoCを進める方法

ずっとＰｏＣをやり続け、次のステップに進めない

すでにＤＸのプロジェクトを推進している企業からの、**私たちSTANDARDへのお問い合わせのなかで多いのは、「ＰｏＣがうまく行かない、ＰｏＣより先に進めない」というお悩みです。**ＰｏＣをやり続けているが、次のステップである本開発や運用ステップに移行できない現象は**「ＰｏＣ貧乏」**や**「ＰｏＣ死」**などとも呼ばれています。

念のため、ＰｏＣについて用語解説的に記しておきましょう。

ＤＸのプロジェクトはおおむね3ステップで進んでいきます。1つ目は、プロジェクト企画。2つ目は、ＰｏＣ。3つ目は、本開発・運用という流れです。ＤＸの推進プロセスのなかで、本開発の前に位置づけられるのがProof of ConceptすなわちＰｏＣです。日本語では、「概念実証」や「実証実験」といわれています。

デジタル技術の進化にともない、より売り上げ・利益を上げていく「攻めのＩＴ活用」が多くなってきました。攻めのＩＴは、大きな成果を上げる可能性がある一方で、技術的な問

図5-1　不確実性が高いPoCを成功させるポイント

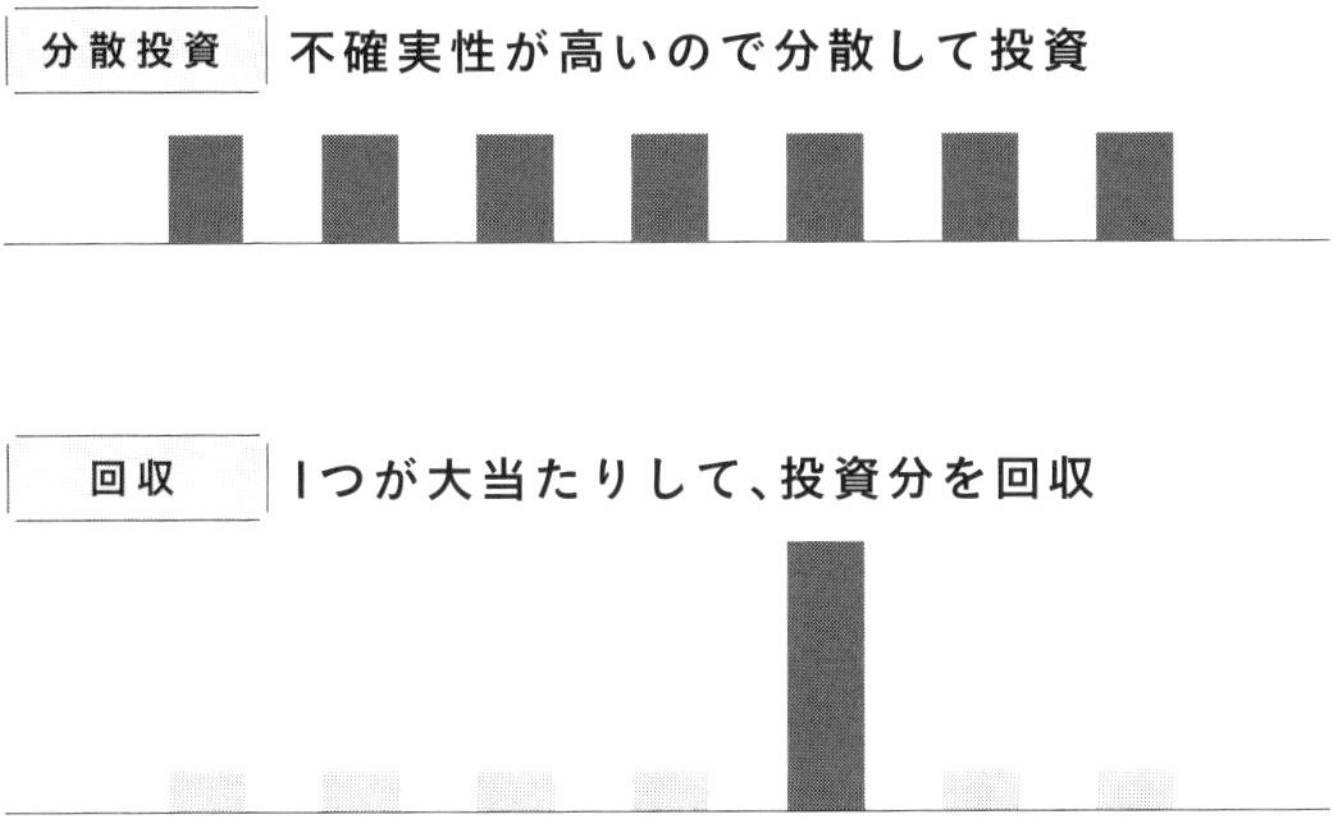
分散投資
不確実性が高いので分散して投資
回収
1つが大当たりして、投資分を回収

題でプロジェクトが失敗したり、投資対効果が十分に得られないリスクが存在します。

そこで、**いきなり本開発に進むのではなく、想定できるリスクを、最小限のコストで検証するためのプロセスが「ＰｏＣ」というものです。**

さて、一般的なシステム開発と、ＡＩ開発の最も大きな違いは「実際にＡＩを作ってみないと精度がわからないというリスク」があるところです。諸説ありますが、一般的なＡＩ開発のＰｏＣの成功確率は、20％程度といわれています。ですから、ＡＩ開発のＰｏＣが低い以上、たくさんプロジェクトを推進して、1つが大当たりして成果を出せるようにしていく必要があります。

そこでＰｏＣを次のステップに進めるための

1つ目のポイントは、**多産多死スタイルで実施する**という認識を社内できちんと持つこと。そうしないと、1つ失敗しただけで、社内からの反対や、追加投資のストップというような事態になってしまいます。

2つ目のポイントは、多産多死スタイルで成果を出すために、**「一つ成功すれば、大きな成果を得るプロジェクトを企画する」**こと。

PoCの成功確率を約20%と仮定すると、1つ成功したら5つ分のPoC費用を含めて、投資対効果が十分に出るようなプロジェクト企画をしていく必要があります。第4章でも述べたように、解決すべき価値のある課題設定が成功のキモになってきます。なので、費用対効果が中途半端なプロジェクトは、できるだけ進めないほうがよいでしょう。

多産多死スタイルでPoCを進める

先に述べたようにアイデア企画フェーズでは、①アイデアの量を重視、②解くべき課題の見定め、③なるべくシンプルな解決策という要素を大切にしながら、ワークショップ形式で社内の関係者を巻き込んでいきます。

つまり**PoCの前に、まずアイデアをたくさん出し、そのなかから解くべき課題をきちんと見極めて、シンプルな解決策を、社員みんなを巻き込みながら決めていくことが、やはりPoCを順調に進めるキモなのです。**

繰り返し述べているように、DXを成功させるにはこのプロセスが最も重要です。きちんと解くべき課題を見定められなかったり、解決策として変なものを選定したりすると、DXプロジェクトは絶対にうまく進みません。

これも繰り返しになりますが、成功させたい1つのプロジェクトに対して、同時に5個のPoCを検証していくというのがごくスタンダードな進め方になります。

さて、実際にPoCを回す5個のプロジェクト企画、これをどう決めているかといえば、10個ほどの具体的な企画のなかから優先順位の高い5個を選んでいるのが普通です。

その10個の具体的な企画はどう選んでいるのか。一般的には200個ほどの具体的な企画にはなっていない、「こういうプロジェクトをやったほうがいいんじゃないか」というアイデアから選んでいます。大事なことなので何度も繰り返しますが、うまくPoCを回すためには、ファーストステップである「アイデアの量を重視」する姿勢が最も重要なのです（図

図5-2｜フェーズごとの参考数値

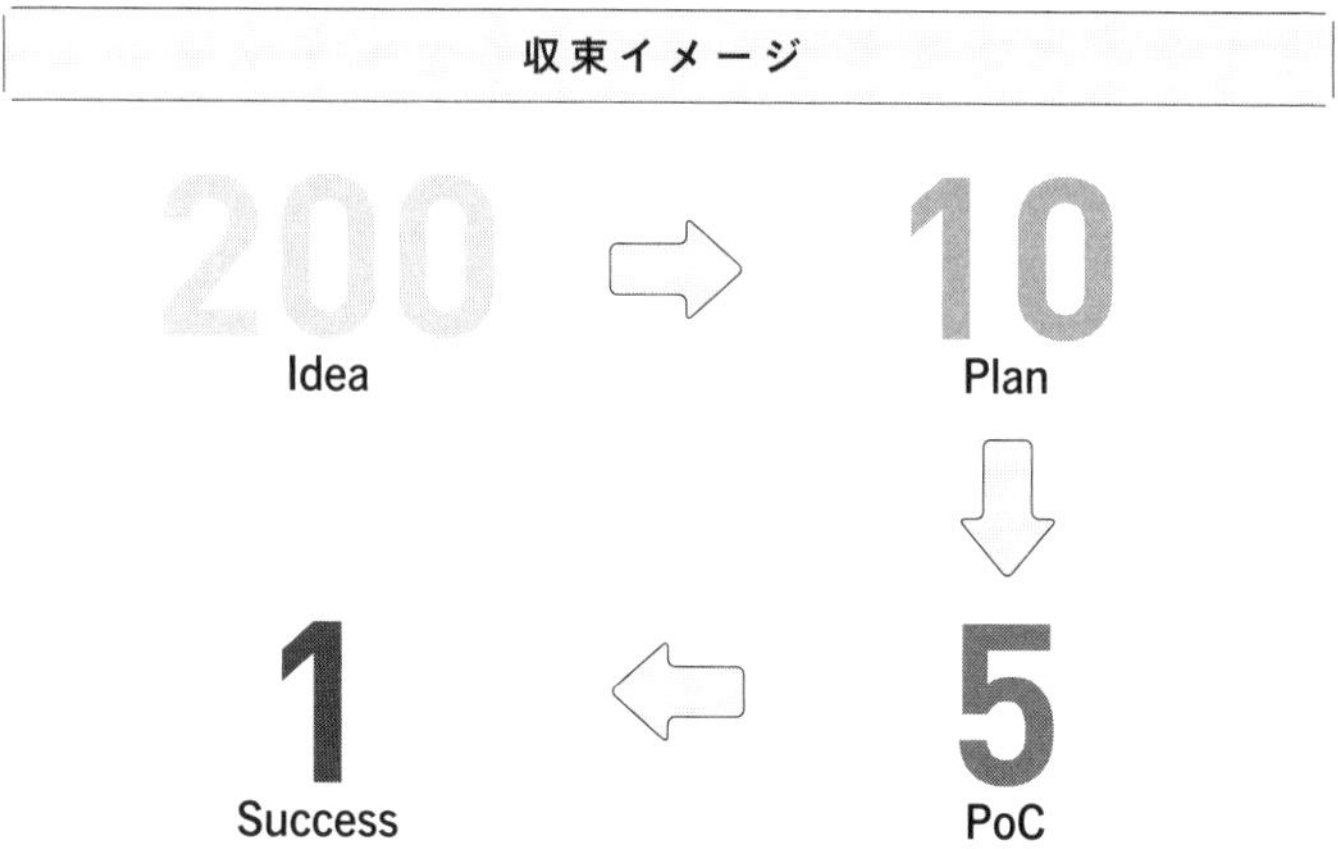

5-2参照）。

この段階でアイデアを10個とか20個しか出せない企業は、やはりPoCに失敗しています。

２００個もアイデアがあると、ほぼすべての課題が網羅されますが、20個ではモレが多すぎて、どうしても解くべき課題の見定めが不十分になるのです。**結果、本来的には優先順位の低い、インパクトのない課題が選定され、そのままプロジェクトが進み、開発後に「DXなんかやる意味がなかった」といった極めてネガティブな評価になってしまうわけです。**

もちろん、１人で２００個のアイデアを考えるという話ではありません。社員みんながアイデアを出せるような「仕組み」を作ればよいだけでしょう。たとえばDX推進室やプロジェクトマネージャーが、経営層も含めていろんな部門の現場の人たちを集め、参加者がブレストしてアイデアを出していくワークショップを行うのです。

一番のPoC失敗原因は「何を実証したいのか不明確」だから

先に述べたように、そもそもデジタル技術の活用とは、データをいかに価値に転換するかという営みです（137ページ参照）。

ビジネスパーソンが普通に仕事をしていれば、パソコンにいろいろなデータがたくさん蓄積されていきます。また、パソコンが自動的にログ（記録）を取っていたりします。それらのデータは多くの場合、単に眠っているデータ、保管しているだけのデータで、そのままではまったく価値がありません。

データを価値に転換するためには、それを活用して何がしたいのかという目的から逆算して、PoCを設計する必要があります。

たとえば、多くの会社で「顧客アンケート」を集めていますが、それを価値に転換できていないケースが少なくありません。アンケートデータを顧客のニーズ分析に活用する、営業資料に活用するといった目的が明確でなければ、眠ったままになってしまうのです。

つまり、すでに蓄積されているデータをどういうふうに使うと価値になるのかを考えたり、こういう価値を提供するためには、どんなデータをどういうふうに取得していくかを考えたりする。それがＰｏＣの設計を考えることに他なりません。

さて、ＰｏＣより先に進まない企業の最大の特徴は、**「ＰｏＣによってどんな仮説を検証したいのか？」という目的が、曖昧なこと。**ＰｏＣとは実証実験です。つまり、大きな成果を生み出すようなプロジェクト企画を決めたうえで、**不確実な要素は何なのか？ それを最小限のコストでどのように検証すべきなのか？ というのを考え、実行するのが「実験」なのです。**

「計画なんて時間をかけなくてもいいから、さっさとやってみよう！」などと、ＰｏＣの意味を間違えてとらえている人も多いようですが、本質は「不確実性」の度合いを実験していくことにあります。

たとえば、プロジェクトを通じて生み出したい価値に対して、顧客のニーズや要求がすぐに変化するかもしれない、技術的に課題解決が可能かどうかわからない、データが十分な量そろっているのかわからない、などのような不確実性があって、実現可能性が判断できないような状況で、ＰｏＣが初めて必要になります。

ＰｏＣの本質は、不確実性の検証であることを改めて意識すると、ＰｏＣの次のステップに進んでいきやすいでしょう。

検証すべき順番は「価値」の次に「技術」

いままでにないプロジェクトを立ち上げるときに、**一番大きな不確実性は「価値」**です。つまり、どのような人の、どのような課題に対して、どんな価値を提供すると喜んでもらえるのか？という問いへの答えを検証する必要があるということになります。提供価値の答えが出たあとに、それの解決手段として「技術的に実現可能か？」という不確実性を検証していくのが、正しい順番です（図5-3参照）。

よくある失敗として、この順番を間違えたり、飛ばしてしまうパターンがあります。要は、最初に「技術」の検証をしてしまうのです。たとえば、「自社にたまっているデータで、こ

図5-3｜PoCを進めるための正しい順序

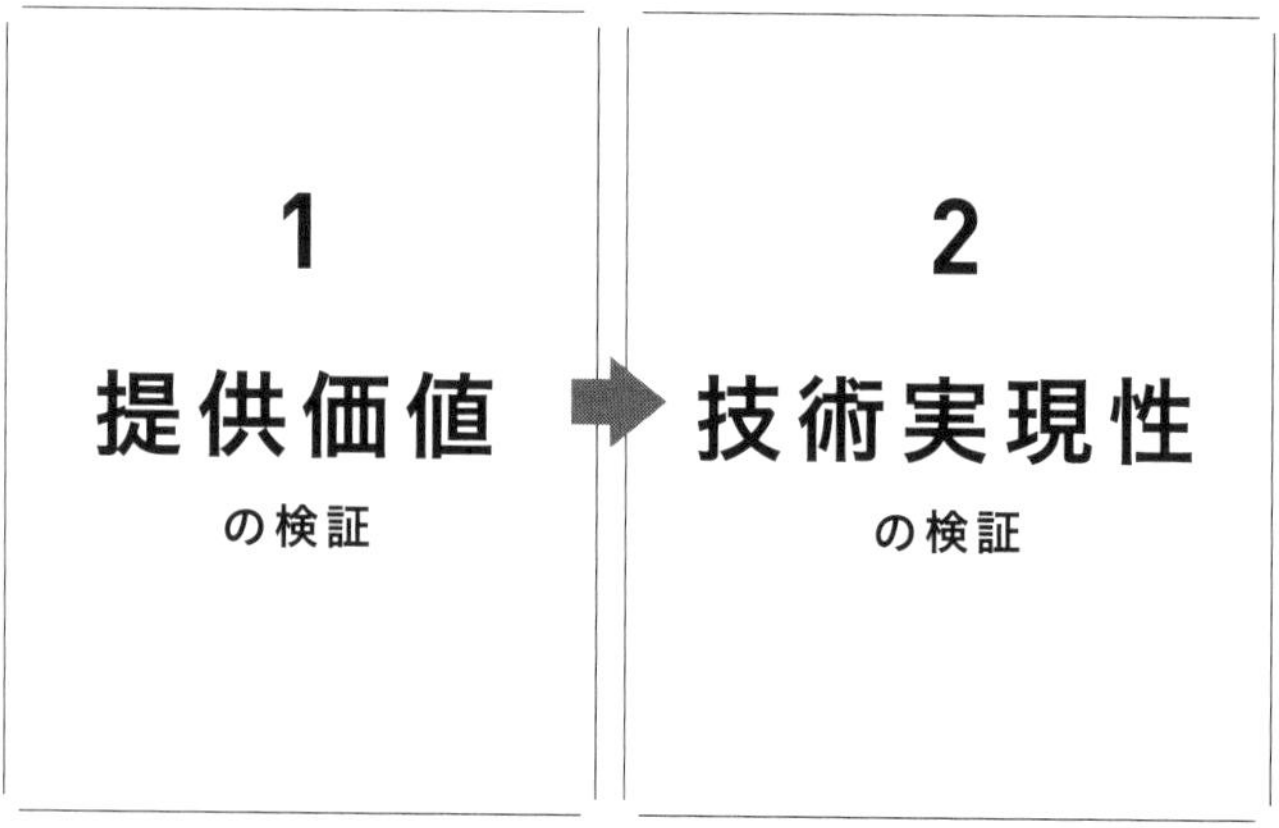

んなＡＩを作ってくれ」と依頼され、ＡＩを作り納品したが、それ以降の本開発につながらず、誰も必要としないものを生み出してしまう。先に技術の検証であるＰｏＣから入ってしまうと、このような悲劇が生まれやすくなります。

　ＰｏＣを成功させるための、提供価値の検証におけるポイントは、３つあります。**一つ目は、第4章でも取り上げた「課題の定量化」**です。そのプロジェクトを進めて本当にＲＯＩが成り立つのか、念入りにシミュレーションします。

　２つ目のポイントは、**対象者へのヒアリングです。「どのような人の、どのような課題に対して、どんな価値を提供すると喜んでもらえるのか？」**というアイデア企画フェーズで決めた内容をきちんと資料にまとめて、「実際のところこんなサービスや改善が実施されたら、どのくらいうれしいか？　どのくらいの金額を払ってもいいと思うか？」という本音を引き出すようなヒアリングをしていきます。机上の空論で進めるのではなく、しっかりと対象者の声を聞き、それを自分なりに再解釈して検証を進めていきましょう。

3つ目のポイントは、プロトタイプ作成です。最初から完璧なシステムを作ろうとせずに、他の簡単な手段で擬似的に提供価値を再現できないか考えてみましょう。そうすることで、実際にコストをかけてシステムを作ったけれど、誰も使わないという最悪の事態を免れることができます。

たとえば、Amazonのようなレコメンド機能を持つＡＩ開発をするシーンを考えてみましょう。その場合、最初からＡＩを開発するのではなく、こんな属性の人にはこの商品をおすすめするという単純なルールを決めて実験します。ユーザー視点に立ってみれば、おすすめ欄の商品をＡＩが出しているのか、人が出しているのかはどちらでもよいことです。もし、簡単なルールでも効果が出たのであれば、それを高度化するためにＡＩ開発を決断するという意思決定がしやすくなるでしょう。

このようにして、**価値の検証をクリアできたら、やっと技術の検証であるＰｏＣに進むこ**

とができます。

技術の検証におけるポイントの**1つ目は、一番大きな不確実性からつぶしていくことです。**不確実性にも、大きさがあります。そのなかでも、特にこの前提がひっくり返ってしまうとプロジェクトが成立しない、90%の精度にならないと実用的ではないなどのような「大きな不確実性は何なのか?」を考え、そこから着手するようにしましょう。

2つ目のポイントは、本開発・運用から逆算することです。PoCの計画をしていると、どうしても視点が技術のことや、短期的なことに寄ってしまいます。DXプロジェクトの最終形として、「どのような運用ができるとよいのか?」「それが運用されているときは、誰がどう使っているのか?」などを想像することで、1つ目のポイントである大きな不確実性が見えてくることもあります。悩んだときは、長期的なことや実際の運用シーンを考えてみるのがおすすめです。

以上のように、**PoCを進めていくうえでは価値検証の次に技術検証をするという「順序」が成功のポイントになります。**なかなか社内でプロジェクトが成功しない、PoCより先に進めないという悩みを持っている方は、ぜひ「順序」を意識してみてください。

PoCを成功させるコミュニケーションのコツ

DXは1人ではできません。関係する人たちを巻き込みながら進めていかないと、PoCをやったはいいものの、実際に運用され、使われるものにはなりません。

人を巻き込むためのコミュニケーションのポイントは主に3つあります。

①かかわる人への技術についての説明

人を巻き込むうえでの、1つ目のポイントは「かかわる人への技術についての説明」です。

もちろん、説明する相手が顧客の場合もあれば、社内の現場の人たちの場合もあります。

特に最先端のテクノロジーを活用するPoCでは、「それって何なの？」という基本的なことがわからない人のほうが圧倒的に多いわけです。そうした問い合わせに対してきちんと説明できないと、プロジェクトはスムーズに進みません。

たとえば、営業部門の現場の人たちにデータの取得に協力してほしいとき、「なんでいま、それが必要なの？」と聞かれる。それに対して、技術的な知識がなければうまく説明できません。「エンジニアに聞いておくから、取りあえずお願いします」では、どんどん後回しにされてしまうでしょう。

全社員がDXリテラシーを身に着けていれば、こうしたコミュニケーション上の問題がなくなり、プロジェクトがスムーズに進むわけです。

またSIer（エスアイアー＝情報システム全般を設計・開発する業者、システムインテグレーター）の会社の営業マンであれば、それこそ知識ゼロのクライアントに対して技術について説明しなければならない。当たり前の話ですが、自分自身がデジタル技術をきちんと理解していなければ、わかりやすく説明することは不可能です。

②エンジニアと最低限の技術的会話ができるように

2つ目のポイントは「エンジニアと最低限の技術的会話ができる」ことです。相手がエンジニアであれば、より技術的な知識が必要になります。

たとえばPoCで、社内のAIエンジニアと「要件定義」について話し合うときに、技術面の知識がなかったら、いちいち出てくる用語の意味などを確認しないといけない。それではいつまで経っても要件を決めることができないでしょう。

なかには、「そもそもAIには学習データが必要」といった基本の「基《キ》」さえ知らないDX担当者がいたりします。ビジネスサイドが「このデータを使おう」といって出してきたものを、エンジニアサイドが確認するとまったく使えない状態だったというのもよくあるケース。これは技術に関する知識がないせいで起こる、まさに無駄なすれ違いといえるでしょう。

AIのモデル自体がどういうふうに作られているのか、どんなデータがあるとどういうふうなモデルが作れるのか、目的達成のためにはどんなことを要件定義したらいいのかなど、技術面の実務的なことまである程度は理解しておかないと、実際のモデル開発やプログラム作りはスムーズに進みません。必要な要件定義やデータがそろっていなければ、エンジニアは開発を進めることができません。

やはり開発プロジェクトを円滑に進めるには、エンジニアが何を必要としているのかをきちんと理解しておくことが不可欠です。

もちろんエンジニアにも、ビジネス面の目的などを理解したうえで技術的なことをきちんと説明できるというスキルが求められます。ビジネスサイドの人たちがエンジニアサイドの知識を身に着ける、エンジニアサイドの人たちがビジネスサイドの知識を身に着ける。**PoCを成功させるためには、こうした相互的なリテラシーの向上が必要でしょう。**

ただしアイデア企画フェーズでいえば、最も多くの課題を知り得るのは、やはりビジネスサイド、現場の人たちです。彼ら彼女らが最初のステップにコミットしないとPoCもはじまりません。

あくまでも「こういう課題をこういうふうに解決できないか」というビジネスサイドからの問いがPoCの発端で、そこからエンジニアサイドが「具体的にどの作業が問題なんですか」「こんな技術も使えそうですね」などと深掘りしていく。これが理想的なプロセスです。なので、その発端の精度、深掘りの度合いを上げるためにも、ビジネスサイドの人たちが技術面でのリテラシーを身に着けておく必要があるわけです。

現状では、エンジニアサイドのいわばビジネスリテラシーはまだまだ低い印象です。相対的にはビジネスサイドのいわばデジタルリテラシーのほうが高いでしょう。その意味でも、DXプロジェクトはビジネスサイドが主導すべきなのです。

ちなみに、デジタル技術についてはエンジニアサイドの人たちのほうが詳しいはずです。そうした情報共有は、エンジニア発のほうが充実するのではないでしょうか。

いずれにしろプロジェクトチームのなかで、お互いがどういうふうに協力していくかという共通認識がない状態だと、責任のなすり合いになってしまいがちです。こうした役割分担についても、解決すべき課題についてよく知っているビジネスサイドが主導して決めておくことが望ましいでしょう。

③委託先と連携できる

3つ目のポイントは「委託先と連携できる」です。2つ目のポイントは社内エンジニアとのコミュニケーションに関するリテラシーやスキルでしたが、それは外部のベンダーに対しても同じく求められます。

当然ながら、外部ベンダーとのコミュニケーションのほうが難易度は高いでしょう。初めて依頼するAIベンダーなら「自社の業務プロセスがこういうふうになっている、そのなかでここの部分をAI化して、こういうふうに改善していきたい」といった要件をきちんと、ビジネス面も技術面もより具体的に定義しなければなりません。

先にも述べましたが、AIベンダーにとっては、そうした定義をしっかり整えてくれるのが「いいお客さん」であり、優先的に取り組めるプロジェクトです。それによって格段に成功確率も高まるでしょう。

繰り返しになりますが、**ＰｏＣは丸投げでは成功しません。ビジネスサイドに技術面に詳しい人がいて、外部にしろ内部にしろ、エンジニアサイドときちんと実務的なコミュニケーションができなければダメなのです。**

特に外部ベンダーをコントロールできないと、勝手に不必要な機能が追加されて余計にお金がかかったり、ベンダー側がやりやすい仕様に変えられたりということが起こりがちです。それは外部ベンダーの個々のモラル的な問題ではなくて、いわばデジタル技術ビジネスの構造的な問題でしょう。外部ベンダーは利益を合理的に追求するのですから、相手にとって最適解ではない提案をするパターンが必ずあり得る。だからこそ、そうしたことが極力起こらないように、**きちんと要件を決められるリテラシーを発注側が身に着けておく必要があるのです。**

たとえば、複数の外部ベンダーから相見積もりを取ったとしても、その技術面の良し悪しが判断できなければ、まったく意味がありません。当然ながら、一番安いところが一番よいという単純な話ではない。なので、**信頼できるベンダーを見極めるためにも、発注側がＤＸリテラシーを持っていないといけないわけです。**

PoCと本開発に必要なスキルは全然違う

DXプロジェクトのポイントは**「継続的な運用」**に結びつけられるかどうかです。**DXは「作って終わり」というプロジェクトではありません。**特にAI開発はプロトタイプを作り、何度もPoCを回して本番運用に耐え得るのかという検証をしてから本開発に入ります。そして本開発のあとに、それがきちんとビジネス適用されて、運用され続けなければ意味がないわけです。

しかし、PoCで止まって本開発にまったく進まないケースをたくさん見てきました。なぜそうなるのかといえば、**アイデア企画フェーズで、本開発や運用のことを見越して議論していないからです。**なかには、PoC自体が目的になっているロードマップもあったりします。それではプロジェクトが進むはずがありません。

なのでAI開発のアイデア企画フェーズでは、どんな本開発になるのか、実際に運用されたらどんなところをサポートしていくのか、そのサポートはどんなツールを使って、誰がやっ

図5-4 | PoCと本開発の差

	PoC	本開発
方針	仮説検証	逆算と計算
設計方針	実行しながら考える	一定の品質を担保する
成果	報告書	システム
議論のテーマ	学びと検証方法	仕様・要件の策定

たら効率化されるのかといったところまで明確にしておく必要があるわけです。

そもそもPoCは、本開発への不確実性を検証するために行うものです。なので、本開発にかかわる大きな問題が検証されるようにPoCを設計しないといけない。つまり、最終の運用を見越したうえで、そこから逆算されたPoCを含めた企画になっていないといけないわけです。

さらにAIには、データがどんどん追加されていって再学習して精度を上げていくというプロセスがあります。AIは過去のデータから特定の法則性、関数みたいなものを生み出して、さらに新しく入ってきたデータをもとに、その関数をブラッシュアップして新しい値を予測していきます。つまり、過去のパターンを抽出し続けるプロセスがなければ、ＡＩの精度を上げていくことはできないのです。

たとえばAmazonでは、誰がどういうモノを買っていて、それとこの商品がよくセットで買われていてといったデータが毎日たくさん出てきます。それをどんどんＡＩに学習させて、精度を毎日よくしていくという作業をしているわけです。

これは本開発後の運用においても開発的な作業が組み込まれているということを意味しています。こうした**「作って終わりではない。むしろ作ってからがはじまり」という認識が会社全体にないとＤＸプロジェクトは成功しないのです。**

以上のことを踏まえ、ＰｏＣと本開発の違いを整理していきます（**図５－４参照**）。

１つ目の違いは、**方針**です。ＰｏＣは仮説を立て、実験と学習を繰り返していくことで、不確実性を検証していきます。一方、本開発は、最終的にどうあるべきかの理想像を作り、そこから逆算して計画を作っていきます。

２つ目の違いは、**設計方針**です。ＰｏＣでは、仮説検証を実行しながら、「どうすると最適なものになるのか？」を考えながら進めて行きます。一方、本開発は、一定の品質を担保する必要があり、しっかりと要件を固めて、テストもしていく必要があります。

3つ目の違いは、**成果やアウトプット**です。ＰｏＣでは、仮説検証の結果をまとめた報告書がメインの成果物になります。一方、本開発は、実際に運用できるシステムが成果物となります。

4つ目の違いは、**ミーティングなどで議論するテーマ**です。ＰｏＣでは、仮説検証の学びや、検証方法を主に議論していきます。一方、本開発は、システムの仕様や要件の策定に関する議論が多くをしめていきます。

このように、ＰｏＣと本開発では、必要なスキルが違い意見が衝突しやすい場面も多くあるので、ビジネスサイドとエンジニアサイドの相互理解が欠かせません。

第５章のまとめ

- ＰｏＣを次のステップに進めるための前提として、多産多死スタイルで実施するという認識を社内できちんと持つこと
- 多産多死スタイルで成果を出すためには、「１つ成功すれば、大きな成果を得られるプロジェクトを企画する」ことが重要
- ＰｏＣより先に進まない企業の最大の特徴は、「ＰｏＣによってどんな仮説を検証したいのか？」という目的が曖昧なこと
- いままでにないプロジェクトを立ち上げるときに、一番大きな不確実性は「価値」
- 価値の検証をしたあとに、技術面での不確実性を検証するためのＰｏＣを実施するという順番が成功のポイント。逆ではいけない
- 社内・社外を含め、多くの人を巻き込むためには技術理解と説明能力が欠かせない。お互いが敬意を持ってプロジェクトを推進できる環境を作る必要性がある
- ＰｏＣと本開発では、必要なスキルが違い意見が衝突しやすい場面も多くあるので、相互理解が重要

第6章

必ず身に着けるべき「アジャイル型のマインドセット」とは？

アジャイル型のマインドセットの必要性

さて、DXプロジェクトを推進するには、DX特有のマインドセットも重要になります。求められるのは**「アジャイル型のマインドセット」**です。開発手法の1つであるアジャイルとは、小さなサイクルで実装とテストを繰り返して開発を進めること。従来のウォーターフォール型（企画段階で工程の算定をしっかり行い、後戻りせずに進行を管理するタイプ）よりも開発期間を短縮できることが多いですが、なぜそうなるかといえば、アジャイル型のほうが不確実性の多いプロジェクトを素早く、効率よくコントロールすることができるからです。

DXには不確実性が数多く存在します。たとえば、当初計画していた1日当たりの作業時間が少なかった、人員が足りなかった、費用の見積もりのエラーといった予期せぬ出来事が頻繁に起こるわけです。

もし、各不確実性が20%ずつ全体の進行に影響するとしたら、当初の計画との誤差は、予期せぬ出来事が5つあれば1・2の5乗で約2・5倍、10個あれば約6・2倍となります。

こう考えると、DXは非常に難しいプロジェクトということになるでしょう。

しかし、これはあくまでも「さまざまな不確実性に対して、当初の計画に縛られ、その場しのぎで対処した場合」の影響です。

そうではなくて、**不確実性の多さを前提に、次々に現れる予期せぬ出来事を1つずつつぶしていく。たとえその局面では計画通りではなくても、全体として最適解に近づけるようにすれば、プロジェクト全体をコントロールすることは可能**なのです。だからこそ、DXプロジェクトではアジャイル型のマインドセットを持っている必要があるわけです。

第2章の**図2-10**でもお伝えしましたが、いくら「知識・スキル」「環境」を変えても、「マインドセット」を変えなければ、大きな成果を生み出すことはできません。

とはいえ、マインドセットの変更という根本的な意識改革はそう簡単ではありません。ここでは、DX推進のために不可欠な意識改革として、次の3つのポイントを挙げておきましょう。

1つ目のマインドセット「顧客への付加価値だけを追求する」

1つ目は「顧客への付加価値だけを追求する」こと（図6-1参照）。特にアイデア企画フェーズで、「実行のしやすさ」や「派手さ」が優先され、顧客のメリットが無視されるケースがよくあります。主な原因としては、**顧客の意向を直接確かめもせず、「きっと困っているだろう」という思い込みで開発内容を決めるなど、いわゆるユーザー・ヒアリングの手間を省いてしまっている**ことが挙げられます。

やはり顧客が感じている課題や抱いている理想像を定量的・定性的に調査し、常に顧客から見た自社の存在意義を確認するという意識が必須でしょう。そうすれば、自然と「顧客への付加価値」が企画を検討する際の目的になるはずです。

また、「付加価値だけを追求」というのは、シンプルに言い換えれば「顧客により喜んでもらう」ことです。この場合の顧客は、課題によっては社内の人間だったりもします。

難しく考えずに、**どうすると目の前の人を喜ばすことができるだろうかという問いに真摯《しんし》**

図6-1 1つ目のマインドセット

1 顧客への付加価値だけを追求する

顧客の課題や
理想像を
ヒアリングする
顧客に会いに
行かず
机上の空論で始める

に向き合う姿勢が、一番重要になってきます。

注意点として、**顧客の課題を調べるときにアンケート形式で進めようとするのはやめましょう。**顧客は、そもそも自分の悩みを正しく言語化できないケースが多いです。**顧客の声をベースにしながら自らの洞察を加えて言語化し、「それがほしかった！」といってもらうのがビジネスパーソンの仕事なのです。まずはオフィスから出て、顧客に会いにいきましょう。**この行動なしには、DXは成功しません。

また、ある特定のものを意識しはじめると関連情報が自然と目に留まりやすくなる心理効果を「カラーバス効果」と呼ぶそうです。情報番組の占いコーナーで「今日のラッキーカラーは赤です！」といわれた日に、いままでは気づかなかった赤いものを多く発見するようなイメージです。

「ラッキーカラーの赤」のように、「どうすると顧客により喜んでもらえるか？」を常に考えていれば、いつもは感じなかった違和感や困りごとに気がつくかもしれません。

ぜひ、このようなマインドセットを常に持って、アイデア出しに取り組んでみてください。

2つ目のマインドセット「スピード感を持った仮説検証」

2つ目は「スピード感を持った仮説検証」です（図6-2参照）。DXプロジェクトにおける**仮説検証とは、「取り返しがつかない大きな失敗」を防ぐために不確実なもの＝小さな失敗を即時的に1つずつつぶしていくこと**です。こうした仮説検証は、「たくさん失敗してよい」というマインドセットが全社的に共有されていなければ、スピード感を持って実行することができません。**ポイントは、早く小さく失敗すること**なのです。

図6-2｜2つ目のマインドセット

2 スピード感を持った仮説検証

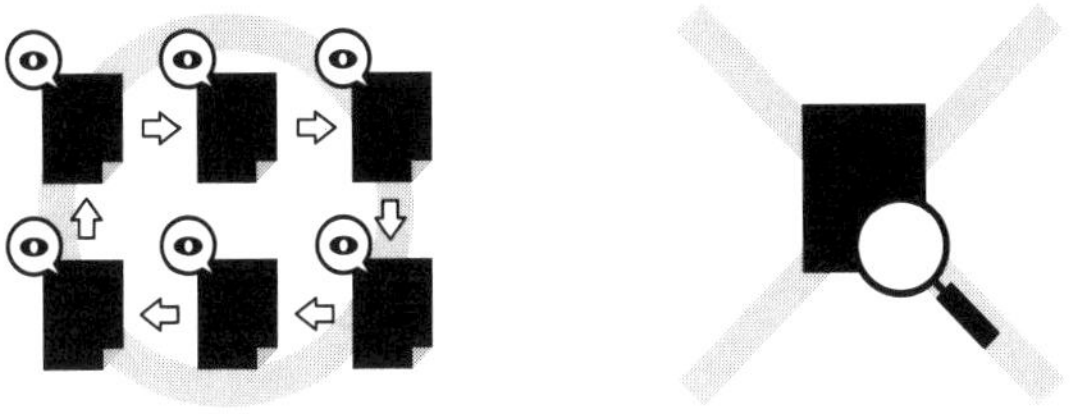
不確実な部分を、素早く検証し続ける
プランを精緻に検討することに時間を使う

プロジェクト自体を「次々に成功させなければいけないもの」ととらえていると、「よくわからないから失敗するかもしれない。失敗したら責任問題になる」といった意識になり、仮設検証に慎重になってしまいます。すると、どんどんスピードが遅くなり、結局は大きな失敗を招いてしまうのです。

また「失敗は責任問題」という意識が社内に蔓延《まんえん》していると、何か計画と異なることが起こる度にいちいち作業もストップして、「誰のせいだ？」などと犯人探しに終始しがちです。それでは肝心の開発がどんどん遅れてしまうし、ひいては社会の変化にもついていけなくなるでしょう。

DXを成功させるためには、やはり**不確実性**

をいかに素早く、たくさん検証し続けられるかが大切なのです。そのためには「小さなPDCAサイクル――Plan（計画）→Do（実行）→Check（評価）→Act（改善）の行動サイクル」をたくさん回す必要があります。

ただし、PDCAサイクルだけでは、全体としてゴールまであとどのくらいあるのか、この先に大きな壁はないのかがわかりません。それを知るには、やはり大筋となる計画＝プロジェクトの戦略やプロジェクトにかかわる調査を参照する必要があります。

つまり「小さなPDCAサイクル」を回すためには、事前にさまざまな調査を踏まえて戦略をきちんと構築しておくことが不可欠なのです。その戦略を前提に「小さなPDCAサイクル」を回して、まだ不確実性が小さなうちに素早くつぶしていくわけです。

この点を理解せず、「小さなPDCAサイクル」を「戦略を立てないための言い訳」にしているケースが少なくありません。それでは単なる行き当たりばったりとなり、取り返しのつかないことになってしまいます。なので、山を登るときに足元だけを見るのではなく、いちいち地図を確認するように、各作業がプロジェクトの戦略からずれていないか、定期的に確認することも必要でしょう。

3つ目のマインドセット「チームでの学習を重視する」

3つ目は、「チームでの学習を重視する」です**（図6-3参照）**。小さな実行と学びを繰り返しながら、チームの知見をどんどん蓄積していきましょう。また、PDCAサイクルを素早く回すには「失敗してもいいからとりあえずやってみる」という姿勢が重要です。

基本的に新しくはじめるプロジェクトは「やってみないとわからない」ことだらけなので、失敗がつきものです。ただし、**失敗からは必ず何か学びが得られます。その学びをチームで共有すれば、同じ失敗を防げるようになります。**

図6-3 | 3つ目のマインドセット

3 チームでの「学習」を重視

失敗してもいい、挑戦して学びを得る

何も行動せずに情報が更新されない

特にDXプロジェクトでは、**「失敗したことから学びがないことが本当の失敗であり、わずかでも学びがあれば成功である」**という意識を持つことが大切です。

学びを得るために必要なのは**「仮説」**です。実行してみない限り答えは誰にもわかりません。しかし、こうなんじゃないかという自分なりの考えやロジックを、事前に組み立てることはできます。**実行する前に、必ず仮説を作っておけば、それと結果を比較することで、学びを得ることができるのです。**

経営者・管理職の意識改革をどう進めるか

DXプロジェクトでは、特に経営層や管理職が持つべきマインドセットもあります。それは**「完全に若手に任せ、彼ら彼女らが必要とするサポート、バックアップに全力を注ぐ」**という意識です。

テクノロジーの変化がこれほどまでに速い時代では、優秀なデジタルネイティブの若手、

20～30代のメンバーにDX推進の企画段階からすべて任せたほうが成功する可能性が高いことはいうまでもないでしょう。デジタルネイティブ世代のほうが明らかに技術へのキャッチアップが早く、新しい考え方なども習得が速いからです。

実際、若手が最大限の能力を発揮できるような環境作りに努めている企業のほうが格段にDXは進んでいます。

先に「現在はソフトウェア型ビジネスへの移行期である」と述べました。高度経済成長期の、**モノ作り企業的な「完璧な商品を出さないといけない主義」から脱却しないと、今日のソフトウェア型ビジネスで勝つことができません。**

たとえばアップルのiPhoneやテスラの電気自動車は、ソフトウェアのアップデートによってハードウェア性能やユーザーへの提供価値をアップデートするという、いわばアジャイル型の戦略で成功しています。

最初から完璧な商品を出そうとすると何年たっても完成しないこともあり、なかなか投資金を回収することができません。しかし両社は、「未完成な商品でも早く出したほうがいい主義」を貫いています。いわば開発中の商品を市場に投入して、買ってもらってから完璧な商品に仕上げていく。そうすることで、いち早く投資金を回収して、新商品へ再投資する資金も稼いでいるのです。

しかもユーザーのニーズは日々変化しています。開発に何年もかけていると、リリースした頃には誰もほしがらない商品・サービスになってしまうリスクがあります。こう考えると、まずは**最低限の機能でリリースし、アジャイル型で商品・サービス改善をしたほうが圧倒的に有利な時代**なのは明らかでしょう。

このようなビジネスモデルの変化に適応するために行うのがDXです。なので、その推進も同様の手法で行ったほうが成功するに決まっています。

要するに、経営層や管理職はアジャイル型の発想や行動ができる若手にどんどん権限を委譲してプロジェクトを任せ、自分たちは人材育成や組織構築、リソースの提供などのバックアップに徹すること。それを良しとするマインドセットがDX推進には不可欠なのです。

こうしたDXリテラシーは座学で勉強しただけでは、本当の意味ではなかなか身に着きません。やはり学んだ知識をすぐにアウトプットして、実際のプロジェクトで使ってみることが大事です。アメリカ国立訓練研究所の学習方法と平均学習定着率の内訳を表した「ラーニングピラミッド」の研究によると、講義による学習定着率は5%しかないそうです**（図6-4参照）**。逆に「自ら体験する」「他の人に教える」ことで、100%に近い定着率を出すこ

図6-4 | ラーニングピラミッド

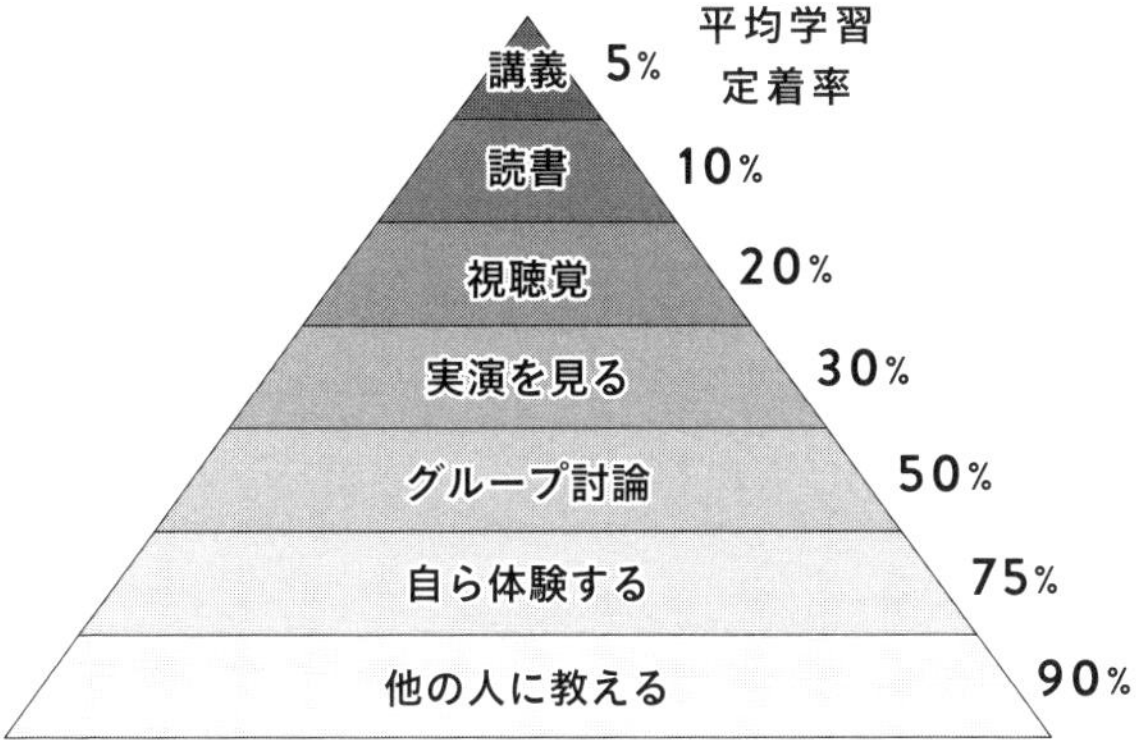

出典:The Learning Pyramid. アメリカ National Training Laboratories

とができるそうです。常に実践で小さな失敗・成功の体験を繰り返し、何がダメだったか、何がよかったかと社内共有し、**「学びのサイクル」をどんどん回していく必要があります。**

つまりDXに関するリテラシーやスキルは、先に述べた「アジャイル型のマインドセット」によって高めていくものともいえるでしょう。実際、STANDARDの教育メニューを受講しているビジネスパーソンを見ていると、アジャイル的に動ける人のほうが格段に学習の成果を上げていると感じます。

繰り返しになりますが、DXプロジェクトはアジャイル的に動かさないとうまく進みません。実際、その重要性を認識してDXに取り組んでいる企業と従来のウォーターフォール型の発想のままの企業とでは、成果の差が開きはじめています。なぜ多くの企業がウォーターフォール的な動きから抜け出せないのか。それはやはり経営層も含め社員のマインドセットがアジャイル型になっていないからでしょう。

一般的なシステム開発のプロジェクトは、アイデア企画フェーズで要件定義書をきちんと記して、工数の算定をしっかり行い、プログラミングすればその通りの精度が出ます。なので、失敗を未然に防ぐウォーターフォール型のほうが適しています。

一方、AI開発はやってみないとわからないという不確実性が大きい。実際にAIのモデルをプログラミングして作ってみないと、どれくらいの精度が出るかがわかりません。失敗する可能性もあるし、成功する可能性もある。なので、とりあえずまずやってみて目標の精度が出るまで失敗を繰り返すしかないわけです。

つまり、AI開発では「量」が重要なのです。何個かプログラミングしているうちに1つ当たればいいという考え方で、多産多死的なスタイルのアジャイル型でやっていくしかありません。ウォーターフォール型のような失敗を恐れるマインドセットではまったく進んでいかないでしょう。

DXリテラシーを身に着ける「学びのサイクル」もこれと同様です。DXに関するさまざまな作業のなかで、出てきた結果に対して学習をして、それをどんどん次に生かしていくというスタイルが求められるのです。

念のため、誤解のないように断っておきますが、アジャイル型のマインドセットとは、オールドエコノミーでありがちな「理屈はいいからとりあえずやってみろ」といった単純な根性論ではありません。**あくまでも重要なのは、実践してみたことから何を学習するかということ。そして、その学習した内容から次に何をやるかを決めていくという、いわば科学的な意識です。**

もはや高度成長期のような単純に作れば売れる、行き当たりばったりでおのずと結果が出るという時代ではありません。今日のビジネスパーソンには「学習したことを次にどう生かすか」を科学的に考え続けるスキルが不可欠なのです。

もちろん、システムの開発手法でいえば、**アジャイル型のなかにもウォーターフォール的な部分があります。なので、両者は完全に分離されるものではなく、その違いは、開発過程で不確実性がどのぐらい見込まれるか、どちらの手法をより大きく採用するかといった点に**あります。

たとえば、企業の勤怠管理システムは不確実性が低いので、ウォーターフォール的にしっかり要件を作って開発すればいいわけです。一方、ＡＩを活用する新規事業を立ち上げる場合、そもそも何が顧客にとって価値になるかわからないなど、不確実性が非常に高いわけです。なので、必然的にアジャイル的なボリュームが大きくなります。

その意味では、今日においてもビジネス環境や業態、個々の業務によっては、ウォーターフォール的なマインドセットが求められる領域が残っているといえるでしょう。

エンジニアに求められる意識改革

ＤＸを推進するには、エンジニアの意識改革も必要でしょう。先にも少し述べましたが、**従来のように作って終わりではなく、それがきちんと運用に乗る、ビジネスにきちんと組み込まれるというところまで責任を持つという意識が不可欠です。**エンジニアは開発後も、目標としている成果が上がるまでしっかりコミットすべきなのです。

エンジニアと現場の人たちが一緒にビジネスに適用していくプロセスを歩んでいかないと、ＤＸは成功しません。

たとえば、**エンジニアは理想的なプロダクトを作ったつもりでも、いざ現場で使う段階になってすごく使いづらかったというのはよくある失敗パターンです。**

なぜそうなるかといえば、現場の人たちが日々、どういうふうに業務のオペレーションをしているのかを知らないからでしょう。なので、そのなかにどういうふうに解決策を組み込んだらより便利になるのかという視点を持つことができず、いわば自分勝手なソリューションを作ってしまうのです。

実際の業務のオペレーションをよく知るためには、やはり現場の人とよくコミュニケーションするしかありません。その意味では、DXで最もエンジニアに求められるスキルはコミュニケーション能力といえるでしょう。

もちろん、**コミュニケーションの目的はお互いがお互いのことを理解し合うことにあります。**つまりエンジニアだけでなく、現場の人もエンジニアの仕事を理解する必要があるわけです。両者のコミュニケーションを円滑にするためには「共通言語」が不可欠です。全社員が身に着けるべきDXリテラシーは、まさにこれに当たるのです。

ちなみに、私たちSTANDARDではエンジニアのコミュニティー会なども行っています。すると、いつも「いま、会社でこういう悩みがあって」「ああ、それ、うちでもある」といったお悩み交換で非常に盛り上がります。話を聞いていて感じるのは、やはりエンジニアが相談できる相手が少ない、相談できる機会が少ないという、ビジネスサイドとのコミュニケーション不足の深刻さです。

また、ＳＴＡＮＤＡＲＤでは実際のプロジェクトの企画段階や開発段階にかかわりながら、ワークショップなどを通じてこうしたコミュニケーションの部分も支援しています。もちろん、エンジニアと現場の人たちのコミュニケーションを円滑にするのは、ＤＸ推進室や個々のプロジェクトマネージャーの役割です。しかし残念ながら、多くの企業でうまくワークしていない。なので、ＳＴＡＮＤＡＲＤのサポートを必要としているのです。

つまり、マネージャーがきちんとワークするためにも、全社的にＤＸリテラシーを高めていくことが不可欠といえるわけです。

ＤＸでは、当然ながらエンジニアにもスキルアップが求められます。たとえば、いわゆるシステム開発に携わっていた社内エンジニアが、会社の方針でＡＩ開発に携わるようになったら、ＡＩの知識を身に着けることが必須になります。

SIerでも、AI案件はきちんと人材を育成しておかないと受注できません。

STANDARDではエンジニア向けの教育メニューも用意しているのですが、実際にAI案件が増えていることもあり、危機感を持ったSIer会社の利用も増えています。

普通のエンジニアなら、ゼロからディープラーニングなどの機械学習を勉強しても、3カ月ほどでAI開発の実務がある程度できるレベルになります。しかし、通常の業務に追われている多忙なエンジニアが多く、現状では思うように人材育成が進んでいません。

ただ逆にいうと、**いまの状況はAI開発ができる社内エンジニアをきちんと育成することで、DXにおいて他社に差をつけるチャンスでもあるのです。**

エンジニアの多忙さには、ビジネスサイドの人たちのデジタル技術に関するリテラシーのなさも大きく影響しています。「AIって何でもできるんでしょ?」といった低レベルの問い合わせにいちいち答えなければならず、その対応に追われていたりします。つまり、ビジネスサイドのDXリテラシーを高めることは、エンジニアの多忙さを軽減し、ひいてはエンジニアの学習時間を確保することにもつながるというわけです。

また、社内のエンジニアでいえば、多忙なのは社内のさまざまな現場からデジタル関連の要望が次々に集まっていることを意味します。つまり、エンジニアは「こういう人たちがこういうふうに困っている」という具体的な課題を全社横断的によく知っているのです。

アイデア企画フェーズでそんなエンジニアの意見が共有できれば、DXプロジェクトはより効果的なものになるでしょう。

DXプロジェクトのマネジメントという新キャリア

プロジェクトマネージャーに特に求められる役割とスキル、マインドセットも説明しておきます。それは**「企画の質の向上」**と**「プロジェクトの円滑な進め方」**にかかわるものです。

前述のとおり、質の高いDXプロジェクトを企画するには、課題の発見と解決策の選定のプロセスにおいて、会社全体でアイデアをどんどん出していく必要があります。だからこそ、全社員がDXリテラシーを身に着けることが必須になってくるわけです。

マネージャーは現場の人たちから出されるたくさんのアイデアについて、課題発見フェーズなら、解決すべき度合いの高い課題とはどんなものか、しっかり定義したうえで最終的に判断していかなければなりません。つまり、解決すべき度合いが低い課題に対しては「取り組むべき理由が薄いのではないでしょうか?」などのフィードバックをして、現場の人たちが解決すべき度合いの高い課題を見つけられるまで、きちんとサポートすることがマネージャーの役割になります。

解決策フェーズでも同様です。マネージャーはAIを使うのか、他のIT的なテクノロジーを使うのか、既存のシステムやツールを利用するのか、そのデジタル技術がふさわしい理由は何かなど、最も質の高い解決策が導き出されるように、現場の人たちをサポートしていかなければなりません。

質の高い課題を判断するために必要なスキルは何か。それはやはり「定量的に考えるスキル」でしょう。その課題が解決されたときに売り上げや利益がどれぐらい伸びるかなど、まず経営上のインパクトをきちんと数値化して考えていく能力が求められます。

さらに質の高い解決策を選定するには、テクノロジーを使わなくても――ルールを変える、人事を変える、マネジメント手法を変える、コミュニケーションのやり方を変えるといった人同士の施策で――解決できるのではないかなども十分に検討する必要があります。その判断のためには、実際の業務内容に精通していなければならないし、いわゆる組織マネジメントにかかわる能力も大事になってきます。

そしてAIを使うのであれば、「要件定義」を詰めていくプロセスをきちんと進められる技術面の能力も求められるのです。

つまりプロジェクトマネージャーには、ビジネス面にしても技術面にしても、現場の人たちよりも一段高いレベルのDXリテラシーが必要というわけです。それがないと、先に紹介した「チャットボットブーム」のような失敗を繰り返してしまうでしょう。

あの頃、多くの企業が現場の人たちの要望に押されるかたちでチャットボットを導入しました。しかしほとんどの企業にとって、それは「高コストで役に立たない」という極めて質の低い解決策だったのです。

経営層はもちろん、その前段で解決策を判断するマネージャーたちに、ビジネス面と技術面を総合的に考えられるスキル――そもそも自然言語をコンピューターが理解するのは難しいタスクであるという技術的認識、効果は個々の企業環境や業務内容によって大差がある、社内コミュニケーションはチャットボット以外でも改善できるというビジネス的認識など――があれば、あんな質の低いプロジェクトには手を出さなかったはずです。

経営層に対して「企画を通す」のもプロジェクトマネージャーの役割でしょう。特にＡＩ開発は数千万円規模の投資プロジェクトになります。明確にＲＯＩを出しておくなど、その経営上のインパクトについてきちんと説明するスキルも求められます。

また、経営層から事前に「とにかくＡＩを使ってよ」というオーダー（いわゆるムチャぶり）が出ている場合には、「ＡＩは必要ありません。こういう別の解決策にしましょう」と、マネージャーは現場の人たちとの検討結果を踏まえて、経営層の意向に反する提案をしなければならないケースも想定されます。こうした場面では、説明するスキルに加えて、いわゆる胆力も必要になるでしょう。

企画が決まったあとの実行のフェーズでは、**さまざまな作業が円滑に進むようにサポートしていくことがプロジェクトマネージャーの役割になります。**

ＡＩプロジェクトなら、社内にあるデータをビジネスサイドのいろんな部署から集めてこなければならないし、実際に開発後に運用するメンバーとも早い段階からコミュニケーションしておく必要があります。つまりマネージャーには、第一に多くの社内の人たちをスムーズに巻き込んでいくスキルが求められるのです。

当然ながら、プロジェクトの規模が大きくなればなるほど、人を巻き込むのが難しくなります。よくある現場の人たちからの断り文句は「業務が忙しいから、そんなのやっている暇がない」というもの。メンバーが協力したくても、所属部門の上役が嫌がるケースも少なくありません。

それを解消するには、プロジェクトマネージャーが経営層に働きかけて、トップダウンで全社的に「DXプロジェクトを優先する」意識づけをしていく必要があります。

たとえば、**定期的に全部門の部長クラスを集めて、各自の部門の具体的なデジタル化の取り組みを発表する会議を行う。そうすると、部門間のいわば競争意識が刺激されて、DXを推進する雰囲気が全社的に高まり、より人を巻き込みやすくなるでしょう。**プロジェクトマネージャーには、こうした社内の仕組み作りをうながすスキルが求められます。

また、デジタル化で何らかの成果を上げる先進的な部門が1つでも出てくると、必ず他の部門の上役、メンバーのなかから「マネしたいな」と強く思う人たちが現れます。そういうDXに興味を持つ人材が主導するかたちで、人を巻き込みやすい雰囲気はだんだん広がっていくのです。

つまり、どんなに小さなプロジェクト、どの部門でもいいから成功事例を1つ作り、その情報を社員みんなで共有すること。これがDXの全社的な意識づけのスタートになるわけで

図6-5｜初期のDXプロジェクトの選定基準

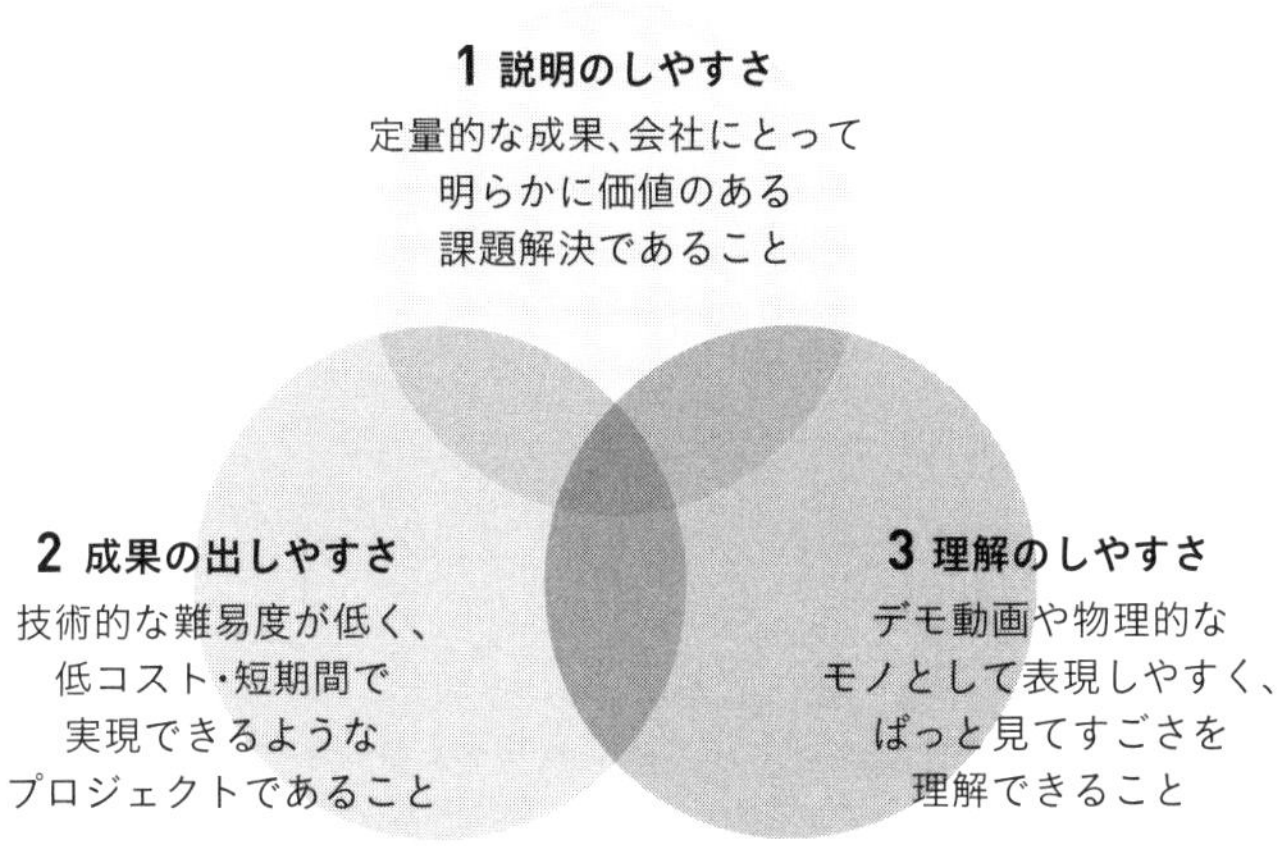
1 説明のしやすさ
定量的な成果、会社にとって明らかに価値のある課題解決であること
2 成果の出しやすさ
技術的な難易度が低く、低コスト・短期間で実現できるようなプロジェクトであること
3 理解のしやすさ
デモ動画や物理的なモノとして表現しやすく、ぱっと見てすごさを理解できること

す。その意味では、プロジェクトマネージャーには規模ではなく、より成功確率の高いプロジェクトを選定する「目利き力」が必要になってくるでしょう。初期の成功事例として、どんな企画を選ぶべきかの基準を説明しておきます。理想としては「説明のしやすさ」「成果の出しやすさ」「理解のしやすさ」の3つが重なっているところです**（図6－5参照）**。

ただＡＩプロジェクトの場合、ＰｏＣを回している最中、本開発中、開発後の運用時と、必ず各段階で想定外の問題が出てきます。なので、「完璧に計画を仕上げて実行していく」という発想は捨てたほうがいいでしょう。

つまり、ＤＸのプロジェクトマネージャーに求められるのは「成功するかわからないけど、いったん走りはじめてみる」という発想です。

実際やってみて、失敗して学習して、またやってみるというサイクルを回していくほうが、より早く成功に近づくはずです。

DX人材の育成が不可欠とはいえ、いっぺんに全社員を教育するのはそう簡単ではないでしょう。**なので、ある程度素養のある人材をピックアップして集中的に教育し、マネージャーとして、実際にDXプロジェクトにトライさせてみたらいいと思います。**そういうサイクルをできるだけ速く回せば人材の量も増えてくるし、それにともなって人材の質も上がってくるはずです。

DXをゼロからはじめるという企業においても同様です。まずは何でもいいから成功事例を作ることが重要なので、たとえば、1部門の優秀な人材にデジタル系の勉強をしてもらい、その人にマネジメントを一任して、その部門限定のDXプロジェクトを実際に走らせてみる。その成果（開発したシステムなど）はもちろん、その過程で得た知見をどんどん各部門に広げていって、DXを全社的な取り組みにしていくわけです。

現場と経営層をつなぐ「翻訳者」になろう

当たり前の話ですが、DXに対する経営層の理解、そして実際に予算面などでの積極的なコミットメント、現場への権限委譲がなければ、どんな小さなプロジェクトも進めることはできないでしょう。

もし経営層が消極的なら、プロジェクトに着手する前に、まずそこから説得する必要があります。つまりプロジェクトマネージャーには、経営層を説得するという役割も求められるのです。だからこそ、デジタル技術に通じていて、ビジネスというものがきっちりわかっていて、さらにはコミュニケーションのスキルがある人材が望ましいわけです。

日本企業には、技術に精通したエンジニアは相当いるし、ビジネスに精通した人材も相当います。けれども**現状、ことデジタル技術の活用においては、その両者がうまくコミュニケーションできていません。要するに、求められているのはエンジニアサイドとビジネスサイド、そして現場と経営層をつなぐ「翻訳者」のようなスキルです。**

プロジェクトマネージャーは、そうした役割を意識しながらDXにかかわる知識・スキルを更新していくようにしましょう。

最後に、STANDARDがサポートしていて、DXを成功させやすいと感じるプロジェクトマネージャーの人物像を紹介しておきます。それはひと言でいうと「エネルギッシュで話しやすい人」です。

DXプロジェクトでは次々と想定外の問題が出てきます。当然ながら、問題が大きくなればなるほど解決は困難になっていきます。なので、マネージャーと関係者は高頻度でコミュニケーションして、問題が小さなうちにどんどん解決していかないといけないわけです。マネージャーが話しにくくて反応の鈍い人では、そういう俊敏な動きができず、プロジェクトは失敗に終わってしまうでしょう。

やはり**「とりあえず学んですぐに実践し、その実践から何かを学び、またすぐに実践する」という、学びと実践のサイクルを速く回せる人材がそろっている企業がDXの成果を出しています。**

その意味では、**「学習意欲の高さと素直さ」**がマネージャーに限らず、DXにかかわるメンバー全員に求められる資質といえるでしょう。やや厳しい表現になりますが、古びた知識・

スキル、業務のやり方に頑なに固執している人材にDXは無理だと思います。DXは単なるデジタル技術の導入にとどまらず、会社全体の組織・文化も変革し続けないと、本来的な意味での成功とはいえない営みなのですから。

いまだに経営層を含め、**「デジタル技術」と聞いて、反射的に拒否反応や苦手意識を持つ人は少なくありません。**でも本当は、まったく難しく考える必要はないはずです。**商売の基本が「お客様を喜ばせて、対価としてお金をいただく」というシンプルな構造であるのと同じように、DXの基本も「お客様をより喜ばせるために、デジタル技術を活用する」という極めてシンプルなものなのです。**

要は「デジタル技術を使えば、より効率的・効果的にお客様を喜ばすことができるので、どんどん使っていこうよ！」というだけの話です。もちろん、最初から大きな変化を起こす必要はありません。1歩ずつ着実にDXプロジェクトを進めていきましょう。

第６章のまとめ

- 不確実性の多さを前提に、次々に現れる予期せぬ出来事を１つずつつぶしていく「アジャイル型のマインドセット」がDX推進には必要
- 具体的には、「顧客への付加価値だけを追求する」「スピード感を持った仮説検証」「チームでの学習を重視する」
- 「完全に若手に任せ、彼・彼女たちが必要とするサポート、バックアップに全力を注ぐ」という意識を、経営層や管理職は持つべき
- エンジニアサイドも、ビジネス面の知識や課題を深掘りし、現場のオペレーションをしっかりと理解するためのコミュニケーションが求められる
- エンジニアサイドとビジネスサイド、そして現場と経営層をつなぐ「翻訳者」のようなスキルを持ったDXプロジェクトマネージャーの市場価値が高まる
- DXを難しく考えず、「顧客をより喜ばせるために、効率的だからデジタル技術を活用する」というシンプルな意識を持つこと

第7章

9業界・45個の業界別DX事例から学ぼう

これまでの章では、DXの必要性やプロジェクトの企画方法、推進プロセスを解説してきました。DX人材としての基礎はご理解いただけたかと思いますが、しっかりと「実行」されないと意味がありません。

第3章でもお伝えしたように、DXはたった1人の課題意識からはじまります。課題とは、理想像と現状のギャップのことです。なので、1人ひとりが自社をどのように変革すると、顧客への付加価値を最大化できるのかという「理想像」を描く必要があります。

ただ、急にそんなことを考えろといわれても、なかなかアイデアは出てこないものです。**第7章では、9つの業界における今後成長するであろうDXトピックを、それぞれ5つずつ解説し、各トピックごとに、最適な事例を厳選して紹介します。**これらを参考にしながら、自分なりの理想像を考えるヒントにしてみてください。**自社の業界だけでなく、他社の業界動向を見ることでも新たな発見があるかもしれません。**

注意すべきポイントは、事例をそのままマネしないことです。第4章で解説したように、他社事例をそのままマネして失敗するパターンを何度も見てきました。あくまで参考にしながら、自社にとって何がベストなのかを考えていただけると、成功に1歩近づくはずです。

Automotive & Manufacturing Industry

自動車・製造

ハードウェアからソフトウェアカンパニーに変身中
「自動車・製造」業界のDX事例

代表的な5つのDXトピック

1. 自動運転
2. 目視検査の自動化
3. 製造プロセスのデジタル化
4. リモート業務実行
5. デジタルツイン

業界のDXトレンド

自動車業界におけるDXとしては、「CASE」と呼ばれるConnected・Autonomous・Shared・Electricの頭文字をとった概念や、「MaaS（Mobility as a Service）」という大きなトレンドが存在しており、各社は積極的に投資している段階です。

また、コロナによって国内の工場で生産の一時停止を余儀なくされた影響もあり、製造プロセスのDXもより加速していくでしょう。

これまではハードウェアを基軸としたビジネスを展開していた業界が、デジタル技術を取り入れ、ソフトウェアカンパニーとして変革できるかが勝負を分けるポイントになってきます。

TOPIC 1　自動運転

世界の自動車メーカーやIT企業が、自動運転車の開発でしのぎを削るなか、日本勢は法整備の影響などで後れをとっています。自動車産業は日本で最も大きな産業であり、ここで海外に覇権を取られてしまうと大きな影響を及ぼすでしょう。

日本の場合、少子高齢化による人不足の影響もあって、自動運転技術は必須となり、人々の暮らしに自動で動くモビリティやロボットが入り込むのは明白です。たとえば、トヨタが企画しているスマートシティ「Woven City」では、モビリティが動きやすいように道路を設計しています。これからは人が機械に合わせるのではなく、機械が人に合わせていくような発想が当たり前になるでしょう。

事例

ティアフォーら、西新宿エリアのスマートシティ推進に向けて、5Gを活用した自動運転タクシーの実証実験を開始

- ティアフォーは世界初のオープンソースの自動運転OS「Autoware」の開発を主導している会社
- ティアフォー、MoT、損保ジャパン、KDDI、アイサンテクノロジーの5社は、5Gを活用した自動運転タクシーの事業化に向けて協力体制を構築
- 今回の実証は、東京西新宿地区のスマートシティ化推進に向けた、次世代モビリティに関する企画として実施
- 運転を自動化することで、操作や判断ミスによる事故を減少させることを期待

参考URL

https://tier4.jp/media/news/20201009nishi-shinjuku/

TOPIC 2　目視検査の自動化

多くの製造ラインでは、人が介在している業務が多数存在しています。人が介在すると、人材不足といった課題、たとえばスキル不足や精度がバラバラなどの課題が出てきてしまいます。

特に製造ラインの目視検査工程は、画像認識によって自動化しやすいテーマです。その他にも、ボルト等の生産物の傷チェックや、印字した文字の誤表記チェックなど、人の目でチェックしていた業務のデジタル化は、今後も各社が積極的に取り組んでいくでしょう。

事例

製造ラインでの目視検査工程に、画像認識AIを組み込むことで自動化

- オプテックス・エフエーは、ファクトリー・オートメーション用光電センサー関連機器、装置の企画開発・製造・販売等を行う会社
- 多品種混合生産ラインでは、段取り替えを頻繁に必要とする。この際に間違って他の品種の商品が混入してしまうという課題があった
- そこで、製造システムにAI 画像認識エンジンを組み込み、混入がないかどうかを自動で判定できるようにした

参考URL

https://www.optex-fa.jp/tech_guide/vision_report02/index02.html

TOPIC 3　製造プロセスのデジタル化

製造業において、人が情報を集めたり紙で情報を管理したりしている企業が多く、データのデジタル化・一元管理が進んでいる企業は少ないのが現状です。業務プロセスの改善を正しく進めるには、データをデジタル上で収集・分析し、理想と現状を可視化する必要があります。

また、製造プロセスの各パート間には、データ収集しているけれど、それをお互いに連携できていないという状況も多々あります。データをデジタル化し、一元管理できる環境を整え、それを可視化して意思決定につなげるだけで、業務の効率は大きく変化していきます。

事例

中外製薬は、製造プロセス改善の基盤を整備し、データ収集の時間を従来の10分の1に短縮

- 中外製薬の製造プロセスに対して、日鉄ソリューションズが製造・品質データの解析システムを導入
- 製造・品質データを体系的に収集・解析し、継続的なプロセス改善が必要だが、データ収集・分析が人に依存しているという課題があった
- バイオ医薬品の安定した品質確保・収量向上のため、多様な製造・品質データを短時間で収集・解析するシステムを導入
- 製造設備をIoTで結び、膨大な情報収集・統合・解析を自動化し、本来かかっていたデータ収集時間が10分の1まで削減

参考URL

https://www.nssol.nipponsteel.com/casestudy/2166.html

TOPIC 4　リモート業務実行

コロナの影響もあり、製造業においてもいままでとは違うかたちで、密にならないように仕事をする必要性が高まっています。また、コロナ以前からの問題として、作業の熟練者が定年で退職してしまい、担い手が不足しているという課題が多くの企業にあります。

現場の映像をリアルタイムで遠隔地に送り、そこから指示を出すような働き方は、今後増えていくでしょう。たとえば、ARのグラス（スマートグラス）を活用する建設重機・自動車のリモート運転、リモートでの保守点検などは、すぐに応用可能なテーマだと思います。

事例

NECの遠隔業務支援サービスは、AR技術を使用し、現場作業者に遠隔地の支援者がリアルタイムで指示可能に

- 支援者や熟練者の不在による現場での作業効率低下が課題になっていた
- スマートグラスで現場作業者と映像と音声を共有することで、熟練者が遠隔地の作業現場・保守点検作業などをリアルタイムでサポートすることが可能に
- その結果、現場作業者の作業効率や正確性が向上した
- 「作業を中断できない」「手が泥だらけ、油だらけ」などの理由で、デジタル技術を活用しにくかったが、スマートグラスであればハンズフリーで活用ができるのが特徴

参考URL

https://www.nec-solutioninnovators.co.jp/ss/arvr/products/ar/index.html

TOPIC 5　デジタルツイン

デジタルツインとは、リアル空間にある情報をセンサーで収集し、それをもとにデジタル空間上でリアル空間を擬似的にシミュレーションする技術です。IoTなどのセンサー技術やクラウド、処理技術の進歩によって、5年ほど前には技術的に難しかったものが、いまでは難易度が相当下がっています。

情報を収集することで、設備保全・メンテナンス時期を予測する他、データを分析することで、最適な製造プロセスを設計し製造期間を短縮できるというメリットがあります。このコンセプトは製造だけではなく、大きな設備を持つ電力や石油などの業界でも、同じように応用が加速していくでしょう。

事例

米GE、航空機エンジンをデジタル空間上にシミュレーションし、メンテナンスや故障タイミングの予測をしてコスト削減

- アメリカのゼネラル・エレクトリック（GE）社は、航空機エンジンのメンテナンスでデジタルツインを活用
- 航空エンジンの3D 図面と、機器に設置された大量のセンサーから得られる情報をもとに、リアルの空間をバーチャル上に再現する「デジタルツイン」を実現
- バーチャル上で、実際にエンジンの稼働状況や環境のデータを収集し、シミュレーション可能に
- 設備保全の状況をリアルタイムに把握できることで、トラブル対応速度の向上や、保全時期を的確に割り出すことができる

参考URL

https://www.gereports.jp/digital-twin-technology/

Finance & Insurance Industry

金融・保険

時代遅れのシステムを取り払えるかが課題
「金融・保険」業界のDX事例

代表的な5つのDXトピック

1. トランザクション・レンディング
2. 投資アルゴリズムのAI化
3. ブロックチェーン活用
4. RPAでの業務自動化
5. コールセンターへのAI導入

業界のDXトレンド

金融業界は、特にDXが遅れている業種の1つでしょう。一番のボトルネックになっているのは、レガシーシステムです。かつて、他の業界に先駆けてデジタル化を進めたことは評価されるべきことですが、過去のシステムが負債化していて身動きが取りにくくなっているのが現状です。

FinTechの本質は「Financeという機能が民主化されること」です。いままでは特定の企業しか金融サービスを提供できていなかった状況から、消費者視点でより便利なサービスを提供してくれる企業のサービスを使うという流れは、確実に進んでいきます。より高付加価値なサービスを提供するためのDXができるかどうかが、求められるでしょう。

TOPIC 1　トランザクション・レンディング

従来の金融機関よりも、事業会社（非金融業）のほうが顧客情報を多く保有していることがあります。たとえば、営業ツールや会計ツールを提供している会社のほうが、顧客の情報をより詳しく把握することができます。そうすると、実際に、そのデータをもとに新しい「与信」の仕組みを作り、金融サービスが実現できます。非金融事業会社が金融サービスを提供していくような流れは海外ではメジャーになってきています。

顧客データは「新しい石油」ともいわれており、データをどのように価値に変換するかを、どの企業も考える必要があるでしょう。

事例

デロイト、非金融事業者向けに取り引きデータを用いた、トランザクション・レンディングの導入を支援

- デロイト トーマツは、非金融機関による金融事業への進出を支援するための、トランザクション・レンディング導入アドバイザリーを実施
- 従来の銀行の与信判断では、決算書以外の情報は加味することができない。また、財務スコアリングのモデルもコモディティ化しており、差別化ができない状況
- 購買・決済・営業状況などのさまざまなデータをもとに、独自の与信判断モデルを作成。システムが判断するので、審査期間も短縮できる。少額融資、オンラインで決済などの差別化が可能

参考URL

https://www2.deloitte.com/jp/ja/pages/risk/solutions/ra/transaction-lending.html

TOPIC 2 投資アルゴリズムのAI化

株式投資は、従来は人間が目利きをして投資決定をしていたが、AIによって代替されつつあります。投資銀行最大手のゴールドマン・サックスは、600人いたトレーダーを2人に削減し、自動取引のプログラムを導入していると2017年に発表しました。

AIは過去のパターンを分析し、一定の特徴や法則性を発見するのが得意です。とはいっても、AIに判断できない定性的な情報を加味するパターンもあります。どの部分は人にしかできない領域なのかを見極めて、それ以外は積極的にデジタル化をしていくとよいでしょう。

事例

NTTデータ、量子コンピューターに着想を得た、新しい株式インデックス運用手法を実験

- NTTデータとAIファイナンス応用研究所は、計算量が課題であった組み合わせ最適アルゴリズムを量子論ベースで実験することで、インデックス運用のリスク・リターンを改善
- インデックス運用においては、ベンチマークの数値をそのまま利用する手法で行われていた。しかし、組み合わせ最適化を行うことでリスク・リターンの改善が可能であることが知られており、計算量が過多になることから実現されていなかった
- ダウ平均株価では、過去5年間で、累積リターンが37.953%から39.394%に上昇、リスクが平均で12.593%から12.035%に低下

参考URL

https://www.nttdata.com/jp/ja/news/services_info/2020/020500/

TOPIC 3　ブロックチェーン活用

ブロックチェーンの最大の特徴は「データの改ざんができない」ということ。この特徴と相性がよいのは保険でしょう。たとえば、災害や事故に遭った際には、証拠の有無が重要になります。証拠のデータをブロックチェーンを活用して記録しておくことで、より正確でより高速な保険支払いが実現できます。

また、デジタル化が進む社会では「保険の小口化」が起こります。今日は車で旅行に行くから、今日だけ保険に入っておこうというようなイメージです。システム開発会社と先端技術の専門性を持つ会社と保険会社が組むことで、あらゆるシーンで小さなリスクを予防する保険サービスを共創する事例は増えていきます。

事例

ブロックチェーンを活用した勤怠管理を行うことで、副業先での退勤情報の正当性が担保できるように

- クロスキャット、Scalar、三井住友海上火災保険の取り組み
- 企業は社員の副業を含めた総労働時間を管理する義務が生じるが、あとから改ざんされる懸念が課題
- また、副業時に労働災害に遭った場合、労災保険は基本的に副業先の収入のみを基準に計算されるという課題も
- 分散型台帳技術を活用することで、入力された副業届、就業時間について、事後改ざんはすべて検出することが可能に
- 保険会社へ提出する証跡として有効となり、副業時の労災上乗せ補償を提供することができるようになる

参考URL

http://www.xcat.co.jp/pdf/2019/19_07_22_NR20190722.pdf

TOPIC 4　RPAでの業務自動化

RPAとは、定型的で反復性の高い業務を自動化する技術です。たとえば、複数のシステムからデータをダウンロードして、エクセルにコピー＆ペーストをしてまとめ、それをメールで送信するといった業務はRPAに置き換えやすいものです。

人不足がどの業界でも叫ばれているなかで、RPAの導入は確実に進んでいくでしょう。一方、注意しなければいけないポイントもあります。作業やシステムの変更が多い作業は、その都度、設定をし直さないといけないため、RPAには不向きです。自社で、どんな業務を自動化すると大きなインパクトを生み出せるのかを考えるのが、RPA導入の鍵になります。

事例

損保ジャパン、RPAの導入で提携業務を自動化し、年間40万時間以上の業務削減を目指す

- 損害保険ジャパン日本興亜（現・損害保険ジャパン）は生産性の向上に向けてRPAを本格導入
- 約100項目にわたるマニュアル化できる定型業務を対象に、年間40万時間以上の時間創出を目指す
- たとえば、コールセンターへの入電記録をもとにした各種書類作成の自動化・海外再保険システムへのエントリー業務の自動化・現場からの照会案件の分析機能の向上など
- RPAの導入により、削減できた時間で、顧客へ新たな価値を提供する業務の領域や成長分野への業務シフトを推進

参考URL

https://www.sompo-japan.co.jp/-/media/SJNK/files/news/2017/20180201_1.pdf?la=ja-JP#page=1

TOPIC 5　コールセンターへのAI導入

コールセンターでは、クレーム対応などのストレスがかかる業務が多く、離職率が高い傾向があり、人材不足に悩まされています。また、人材不足の結果、スキル不足なオペレーターによる対応品質のばらつきも課題に挙げられています。

顧客からの電話の一次対応をシステムで行ったり、FAQシステムの導入をしつつも、AIによるチャットボットによる問い合わせ対応をすることで、人員削減が可能になります。効率化も重要ですが、コールセンターは顧客と直接の接点を持てる、数少ない機会です。顧客の満足度が上がるような対応ができるように業務を再設計することで、ブランドの価値を上げる取り組みも必要になるでしょう。

事例

三井住友銀行、コールセンターに会話認識ができるAIを導入することで、問い合わせへの対応時間を短縮

- 日本総合研究所、日本アイ・ビー・エム、SCSK、アドバンスト・メディアと共同し、三井住友銀行はコールセンター全席でIBM Watson Explorerを導入
- 顧客の求める回答をコールセンターで即回答できず、1人当たりの回転率と時間効率が低迷していた
- 会話認識可能なAIが回答導出をサポートすることで、問い合わせへのタイムリーかつ的確な返答が可能となった
- 顧客の発声内容から関連情報を抽出し自動返答するシステムを構築。1人当たりの対応時間が約30%減少し、顧客満足度が上昇

参考URL

https://www.scsk.jp/news/2017/press/product/20170224.html

Construction & Real Estate Industry

建設・不動産

人材不足が課題だが、DXのブルーオーシャン
「建設・不動産」業界のDX事例

業界のDXトレンド

建設・不動産業界も、DXがなかなか進んでいない業界の1つです。不動産業界では、物件募集・契約・内見・申し込み対応など、アナログな業務が多いのが現状。建設業界では、深刻な人不足や技術継承が課題となっています。

また、DXを進めたくても、使い手側のリテラシーが低いせいで導入が進まないという現状もあります。しかし、裏を返せばDXの余地が大いにあるということです。この数年で、いかにDXに対する投資ができるかで、5年後・10年後の会社の成長が決まってくるでしょう。

代表的な5つのDXトピック

1. XR（VR、AR、MR）
2. 安心・安全の支援
3. ドローン測量
4. 電子契約
5. 営業の効率化

TOPIC 1　XR（VR、AR、MR）

建物のデータは非常に複雑であり、2D画面だと理解しにくい部分があります。その点、Mixed Reality（MR）技術を活用し、3Dの立体的な図面を操作しながら議論することは、情報共有の効率アップや、重大な見落としの予防につながります。

それ以外でも、製造業における部品の組み立てを補助したり、物件の内見の際に家具を自由に配置してみたりするような応用もできます。リアルとデジタルをつなぐ、インターフェースのような役割をはたすので、今後はより普及していく可能性が高いでしょう。

事例

Bentley、Hololens2のMR技術を活用し、建築図面データを立体モデルで確認・操作が可能に

- Bentley Systems 社は、道路や橋、工場などのインフラ構築と管理をサポートするソフトウェアを提供する企業
- 2019年にマイクロソフト社のHolorens2を活用した、建設プロジェクト向けアプリ「SYNCHRO XR」を公開
- Holorens2を装着し、目の前に表示されたバーチャル画面を操作しながら、建設工程を計画・可視化することが可能
- Mixed Reality 技術により、建築図面データを立体モデルで確認・操作することが可能に。現場の潜在的リスク、安全要件の詳細を把握できることで、事故の削減につながる

参考URL

https://www.bentley.com/ja/about-us/news/2019/february/24/synchro-xr-with-hololens-2-release

TOPIC 2　安心・安全の支援

死亡事故リスクがともなうトンネル内など、危険性が高い場所での工事に対する安全・安心な労働環境の整備は、引き続き加速します。中長期では作業のリモート化・ロボティクス化が進むものの、短期では多くのセンサーを設置することで、事故予測や予防を実現するデジタル技術が導入されるでしょう。

また、人にウェアラブルセンサーをつけたり、センサーを搭載した建設機器によってリアルタイムでデータを収集する動きが進んでいくと思います。ただ、AIは100％の精度を保証することができないので、人命にかかわる領域で活用する際は、機械を信じすぎないオペレーション設計もポイントになってきます。

事例

大成建設、トンネル工事現場における作業員の安全管理に5Gを活用した実証実験を実施

- トンネルの工事現場では、落盤や土砂崩れ、酸欠、火災などの重大な事故が起こることもあり、安心・安全な労働環境の実現が求められている
- 5Gの持つ「低遅延性・同時多接続性」を活用し、危険ガス等のリアルタイム監視と災害時稼働用建機の遠隔操作を実現
- 危険時には、トンネル内の作業員へアラートを送り、迅速な避難ができるように
- 災害発生時にはフルHDカメラ搭載の建設機械を遠隔操作し、安全な場所からの初期安全確認が可能となった

参考URL

https://www.taisei.co.jp/about_us/wn/2020/200128_4869.html

TOPIC 3 ドローン測量

建設業界では「i-Construction」をキーワードに、数年前からDXへの取り組みが進められています。そのなかでも、建設を進めていく際に、測量工程は欠かせません。旧来は地上測量が主流でしたが、最近ではドローンによる測量が普及しはじめています。

ドローンを活用することで、素早く広範囲の測量や人が入れない危険な場所の測量ができるようになります。また価格面でも、航空機を使うよりもドローンのほうが断然安く抑えられます。詳細は未定ながら100平方メートル以上の測量はドローンの使用が義務化されることも決まっており、今後のドローンの活用はますます進んでいくでしょう。

事例

コマツ、ドローンで空から観測することで、安全な場所から測量が可能に

- ドローンで空から測量することで、人が入れない場所も安全に測量可能となり、時間も短縮
- 崖や土砂崩れ現場などの測量は、危険がともなう、機材搬入等に手間がかかるなどの問題があった
- 地上からの測量は、2ヘクタール当たり2、3日〜1週間程度を要し、測量士不足が問題となっていた
- 危険をともなう場所でも、ドローンであれば安全な場所から測量が実施可能になり、現地作業の時間を地上測量と比べて最短6分の1程度まで短縮できるように

参考URL

https://smartconstruction.komatsu/catalog_jp/survey.html

TOPIC 4　電子契約

賃貸契約のような、多くの契約書や書類への記入が必要な業務プロセスは、確実にデジタル化されていきます。コロナの影響もあり、押印が必要な書類はクラウド上で契約できるのが当たり前になりつつあります。

ただデジタル化されるだけではなく、ブロックチェーンの「取引記録やデータを改ざんできない」という特徴を活用することで、より利用者視点での透明性や利便性を向上させていく使われ方が広まっていくでしょう。近い将来、仲介会社などのオフラインによる人手を介さなくても、内見〜契約までを完結させられるようになると思います。

事例

住友商事、独自ブロックチェーンmiyabiを活用し、情報の耐改ざん性を担保して電子契約ができるアプリケーションを開発

- 賃貸契約手続きにおいては、大量の紙書類に記入が必要かつ、賃貸契約プロセスは人手で行われており非効率であった
- 物件の申し込みから不動産賃貸契約をアプリケーション上で行うことで、煩雑な書類手続きや押印は不要に
- 契約データをブロックチェーンに書き込むことで真正性が担保され、次回契約時の情報再利用も可能となった
- 契約の業務がどの段階まで進んでいるか、利用者視点でも事業者視点でも確認が可能となったのでプロセスの透明性を確保

参考URL

https://www.sumitomocorp.com/ja/jp/news/release/2020/group/13970

TOPIC 5　営業の効率化

営業活動においても、人が注力すべきポイントとそうでないポイントが分かれてきており、そうでない部分はデジタル化が進んでいきます。自社の営業担当者が「何に注力することが売り上げを上げるために必要なのか？」ということを突きつめ、それだけに集中できるような環境を作っていくことが求められるでしょう。

人が注力すべきポイントは、顧客の話を深くヒアリングしたり、商品の価値をしっかりと伝えて信頼を獲得するところです。その効率をより向上させるための、広告クリエイティブ作成や顧客データ管理は着実に進んでいくでしょう。

事例

オープンハウス、画像認識AIを活用し、手作業で行っていた賃貸物件チラシの編集・加工を自動化

- 従来、顧客に提示する賃貸物件資料について、社内の膨大な数の資料を営業担当者が人力で検索・編集・結合して作成しており、煩雑かつ単調な業務が工数を圧迫していた
- そこで、これまで営業担当者が手作業で作成していたチラシを完全自動化することで、作成業務を年 間約2880時間・広告審査時間を約900時間削減
- システムに該当物件名を伝えることで、チラシ作成に必要な情報を自動で社内システムから収集し、AIが物件チラシを自動作成し、お客様のニーズに合わせた提案ができるように

参考URL

https://oh.openhouse-group.com/company/news/pdf/20200707_news.pdf

Retail Industry

小売

「小売」業界のDX事例

オフライン×オンラインの取り組みが加速中

代表的な5つのDXトピック

1. 売り上げ予測
2. 電子棚札
3. スマートレジ
4. Beacon活用
5. iPadレジシステム

業界のDXトレンド

小売業界は、O2OやOMOなどがトレンドになっており、オフラインとオンラインを統合してよりよい購買体験を作り出す動きが進んでいます。つまり、食品などを小売りする事業から、消費者1人ひとりを深く理解し、単なる「箱もの経営」からの脱却をすることが求められているのです。

それを実現するためには、消費者との接点をオンラインで持ち、細かいデータを収集できるような基盤やシステムが必要不可欠です。オフライン店舗の強みを生かしつつ、デジタル小売業への転換をするようなDXの取り組みを進めていきましょう。

TOPIC 1　売り上げ予測

小売業界は、外部要因によって売り上げが大きく変動しやすい業種です。たとえば、気候や地域イベント、曜日、季節、SNSでの情報拡散などが挙げられます。売り上げがある程度予測できれば、それに合わせて必要な在庫数を事前に準備し、機会損失を最小化することができます。

特に、食品などの賞味期限があるものを販売している企業にとっては、売れずに在庫があまってしまうことは、最も避けたいことでしょう。とはいっても、一朝一夕に売り上げ予測ができるわけではありません。企業内の過去の情報はもちろんのこと、それ以外の外部データを組み合わせながら、継続的に売り上げ予測のAIを改善していくことで、中長期での差別化を図ることができます。

事例

DAP、POSデータなどをもとに、適切な値引きの割合を計算し、売り上げと在庫回転の向上を支援

- 小売りでは現場の経験のみを頼りにして値引き金額を決定していたが、過剰な値引きや値引き不足による損失が課題に
- ディーエーピーの「Sell.NAVI」は、小売・アパレル業界向けに需要予測に加えて、値引き予測・効果を提供
- 需要予測モデルを導入することで、POSデータや商品マスタ（商品情報）、店舗情報のデータを登録するだけで、商品の値引率を可視化し、商品の売り上げを予測しグラフ化
- 単純な操作のみで商品の売り上げを予測でき、約10%の売り上げの改善と在庫回転率の向上が見込まれる

参考URL

https://prtimes.jp/main/html/rd/p/000000005.000047288.html

TOPIC 2 電子棚札

ECサイトの普及により、小売店舗の意味や必要性が変わりつつあります。店舗で実際の商品を見ながら、その商品をWebで検索してレビューを見て、価格を確認して安いECサイトで購入するという行動が多くなってきています。

価格以外での競争軸を持ちにくい以上、EC価格と同じぐらいの値段にせざるをえません。ですが、大量の商品を扱う店舗で、リアルタイムに1つひとつの商品の値段を差し替えていくのは現実的ではありません。

そこで、電子棚札などを利用することで「オフライン」と「デジタル」をつなげ、リアルタイムで価格調整をすることで、収益を最大化に。こうした取り組みは小売店舗の主流になるでしょう。

事例

ビックカメラ、電子棚札を導入することで、商品の値段を本部側で一括変更可能になり、店員が接客に集中できるように

- 小売業界は同じ商品を複数社が扱うという性質上、価格競争が激しくなる業界
- 価格面での競争力を維持するために人力で商品の値札の差し替えを頻繁に実施しているが、非常に工数がかかるうえに、時間に応じた競争力の高い価格で商品を販売することも難しい
- そこに、電子棚札を導入。本部から直接商品価格の一括変更が可能に
- 結果として、これまで2〜3時間かけて行っていた値札の差し替えの作業時間がほぼ0に

参考URL

https://www.creist.co.jp/electronic-shelf-label/

TOPIC 3 スマートレジ

DXの本命のなかに「顧客の体験をよりよくする」ことがあります。特に、購買体験はデジタル化による、体験価値向上の余地が十分にあります。

たとえば、スーパーに買い物に行く際に「献立を考えるのがめんどくさい」という顧客課題があったとしたら、アプリ上で献立を自動でレコメンドし、必要な食材を自動で計算、買うべきものをリストアップしてくれる。

このように、購買体験の全体を見て、より顧客が楽に、便利になるために必要なサービスを考えていくと、新しい事業機会が見つかると思います。

事例

イオン、レジに並ばずにスマホで会計ができるサービス「レジゴー」を開始

- イオンリテールは、レジに並ばずに商品を買える「どこでもレジ レジゴー」の本格展開をはじめた
- 時間帯によってレジ待ちの大行列が発生し、購入者に不満を持たれてしまう課題が存在
- 利用者が貸し出し用の専用スマートフォンで商品のバーコードをスキャンし、専用レジで会計する新しい買い物のスタイル
- 支払い方法を選択するだけで、会計が完了するため、「レジに並ばず、レジ待ち時間なし」を実現

参考URL

https://www.aeonretail.jp/pdf/200226R_1.pdf

TOPIC 4　Beacon活用

スーパーには多くの商品が並んでおり、自社の商品をお客様に手にとってもらうのは簡単なことではありません。「いかに、自社のことを思い出してもらうか」「他社商品ではなく、自社製品を買おうと思ってもらうか」を考えていくうえでは、オフラインとオンラインを組み合わせながら、顧客接点を他社よりも多く持つことが必要でしょう。

お客様の記憶に残りやすくするために、Beacon（詳細は226ページ参照）技術を使い、LINEやその他SNSなどの身近なサービスを活用していくというのは有効な手段になります。

事例

アサヒビール、店舗の商品棚にBeaconを設置し、LINE登録者が近づくとキャンペーン情報を送付する仕組みを作成

- ポスターなどでキャンペーンを知っても応募という行動までつなげるのは難しいのが課題
- アサヒビールは、ライフや西友などの店舗の商品棚にLINEビーコンを設置
- LINEでアサヒビールのアカウントと「友だち」になっている来店客が棚に近づくと、ビーコンからキャンペーン情報が届くシステムを開発
- 「LINEビーコン×レシート応募」で応募数が3倍に

参考URL

https://www.asahibeer-cp.jp/okuttoku01/

TOPIC 5 iPadレジシステム

企業にとって、購買データは宝の山です。しかし、それを有効活用できている企業は少ないのが現状です。データがデジタル化されていないと、会計・売り上げ管理・在庫管理などの業務を紙ベースで行わなければならず、非効率です。飲食業界は、利益率が低い傾向にあるので、少しの効率化だけでも利益へのインパクトが大きくなります。クラウドベースのPOSシステムを活用し、購買データをデジタル化して管理することで、会計やレジ締めなどの事務作業をなくしていくような取り組みは、どんな企業も取り入れる必要があるでしょう。

また、単なる効率化だけでなく、そのデータを売り上げ予測や新商品開発などに活用していくアプローチも増えていくでしょう。

事例

従来のレジスターに替わり、iPadで使えるPOSレジアプリ「Airレジ」によって、誰でも簡単にレジ業務ができるように

- 飲食店では、レジスターで金額を打ち込むが、時間がかかり人為的なミスが多発するし、新しいアルバイトが作業を覚えるのも大変という課題がある
- 会計やレジ締めのような事務作業には極力手間をかけたくないというニーズも存在
- リクルートライフスタイルが提供する「Airレジ」は、売り上げアップや煩わしいレジ業務が、誰でも簡単にできるサービス
- 閉店後、1時間以上かかることもあったレジ締めが、早ければ15分ほどで終わるようになった

参考URL

https://airregi.jp/

Logistics & Transportation Industry

物流・運送

「物流・運送」業界のDX事例

需要は高まる一方、DXによる効率化が急務

代表的な5つのDXトピック

1. 積み付けロボット
2. 自動運転バス
3. ラストワンマイル革命
4. 無人搬送車
5. Beacon活用

業界のDXトレンド

コロナによってEC需要が増加し、小口配送が大幅に増えています。配送需要が増える一方、ドライバーの数は足りていません。鉄道貨物協会が2019年5月に発表した「本部委員会報告書」のなかでは、営業用トラックのドライバーは、2028年には27万8000人が不足すると予測しています。

配送の需要自体は増加していくことは間違いないので、業務のデジタル化やロボットの活用などで、より少ない人でもオペレーションを回せるような仕組み作りが必要不可欠でしょう。

TOPIC 1　積み付けロボット

物流・運送業界をはじめ、多くの業界で人不足が叫ばれています。少子高齢化によって、働き手が不足することがほぼ確定しているため、省人化の取り組みは欠かせません。

特に「能力」が必要な作業は、積極的に自動化の取り組みが必要でしょう。完全にロボットに代替させたり、人の力がより少なくてすむようなパワードスーツなどを検討することで、人の役割を見直していき、デジタルを前提とした働き方を構築していくことが求められます。

事例

九州佐賀国際空港、人材不足・高齢化による人不足を、手荷物の積み付けロボットを導入することで解決

- 九州佐賀国際空港は、メイキコウの手荷物自動積み付けロボットを導入
- 人不足、人材の高齢化により、重いものを運ぶ作業を自動化したいニーズ
- 画像処理技術とロボットハンドリングの技術を活用し、機内に積み込む荷物を自動で運ぶことが可能に
- いままですべてを人が担っていた業務において、人とロボットの協働を通じて、お客様の手荷物のより安全かつ効率的な積み付け（効率のよい配置）が実現

参考URL

https://www.meikikou.co.jp/news/20201217.html

TOPIC 2　自動運転バス

地方の公共交通や物流能力がだんだんと縮小しているなかで、地方自治体ではバスの自動運転を目指す動きが進みはじめています。自動運転バスによって、運転手がいなくてもバスを走らせられるようになると、地方における「移動」の課題が解決できます。

また、自動運転による移動は人だけではありません。モノを運ぶこともできれば、物流や郵送にかかるコストも削減できる可能性があります。

とはいっても、最大の懸念は事故や安全性です。5Gでのリアルタイム通信や、各種レーダーによって事故の予防ができる技術や検証を進めていく必要があります。

事例

5G搭載バスが、バス停や交通カメラとリアルタイム接続することで、危険の自動回避が可能に

- バス運転手の疲労による運転ミス・事故の発生が問題に
- 20台のカメラとミリ波レーダーを搭載したバスが、5Gで市街の高解像度ライブカメラ、バス停、交通カメラとリアルタイムで相互通信
- それによって、正確にバス停に停車することや、危険の緊急回避などが可能に

参考URL

http://www.ehangzhou.gov.cn/2019-06/17/c_268872.htm

TOPIC 3　ラストワンマイル革命

SIerや建設、商社、人材派遣のような業界では、発注元と最終受託会社の間に、下請け会社が何層もあるような多重下請け構造が常態化しています。このような構造的課題は、デジタル技術による変革が起きる、代表的な例です。

発注元と最終受託会社をつなぐようなマッチングのプラットフォームによって、解決していくのが王道パターンになっています。ポイントは、下請け構造が悪いのではなく「介在価値の低い会社はないほうがよい」ということです。DXが加速すると、真に付加価値が高い企業だけが生き残るようになります。

事例

フリーランスドライバーと荷主をマッチングさせる「PickGo」でドライバーの業務効率を向上

- 「ラストワンマイル」と呼ばれる、配送拠点から配送先までの区間の配送業務では、複雑な配送ルートや再配達増加による非効率が課題になっていた
- CBcloudは、2016年に配送マッチングプラットフォーム「PickGo（ピックゴー）」で、フリーランスドライバーと荷主をつなぐサービスを提供開始
- タクシー配車サービス「Uber」の物流版ともいわれている
- 従来の多重下請け構造では月20万〜30万円の収入だったドライバーが「PickGo」を活用して月100万円以上の収入を得る事例も

参考URL

https://www.softbank.jp/biz/future_stride/entry/iot_5G/20191129/

TOPIC 4 無人搬送車

自動運転車や工場内での無人搬送車が増えると、それに比例して最適な速度や走行ルートを計算する量が増えていきます。さらに今後、多くのセンサーが組み込まれることで、必要な計算量は指数関数的に増加していくのは間違いありません。

さらに、計算には速度が求められます。速度やルートを決める計算に数秒もかけていたら、みんな止まってしまうからです。以上のように、増加する計算量と、短い計算スピードを実現できる方法として量子コンピューターは注目されています。まだ研究段階ではありますが、今後の必要性が高い技術です。

事例

デンソー、工場内の無人搬送車が走る、より効率的なルート・速度をD-Wave Systemで計算し、稼働率が15%向上

- デンソーの工場内では、無人運搬車（Automated Guided Vehicle, AGU）を積極的に導入していた
- しかし、工場内の決まったルートを荷物を載せて走る無人搬送車の数が増えたことで、工場内で渋滞が発生
- 量子コンピューターで無人搬送車の速度・ルートをリアルタイムに最適化し、渋滞緩和・稼働率向上を実現
- 実証実験の結果として、無人搬送車の停止時間を15%削減

参考URL

https://dwavejapan.com/app/uploads/2019/12/Final_D-Wave_DENSO_case_study_2019_11_22.pdf

TOPIC 5 Beacon活用

Beaconとは、一定時間ごとに数十メートル範囲の信号を発する装置の総称です。Bluetooth Low Energy規格（BLE）を搭載したBeaconは消費電力が小さく、コイン電池でも長時間の使用ができ、比較的安価で購入できます。

信号を発信することで、特定エリア内に入ったら情報を通知したり、逆に鍵などにBeaconを取り付けておいて、離れたらアラートを出すような活用方法があります。このように、人やモノにBeaconを組み合わせて、位置関係を測定可能にすると、アイデアしだいでは安価に課題を解決することができます。

事例

京都市営バス、Beaconを設置することで、より正確なバスの到着時間を、バス停のディスプレイへ反映

- 従来のバスロケーションシステムは精度が低く、バス停のアナウンスに最大1分程度の誤差が発生していた
- 設置費用が1カ所当たり、300万円程度と高価であり、高い導入コストがボトルネックに
- Beacon 方式のバスロケーションシステムの採用により、バス接近を正確に通知することを実現
- Beacon方式の採用で導入費用を3分の1以下に抑制した

参考URL

https://www.aplix.co.jp/?p=7316

Energy Industry

エネルギー

「エネルギー」業界のDX事例

世界的な課題のなか、実現可能な対策が求められる

代表的な5つのDXトピック
1. デジタルプラント
2. スマートハウス
3. ドローンハイウェイ
4. RPAでの業務のパッケージ化
5. 点検ロボット

業界のDXトレンド

エネルギー業界では、電力自由化やCO_2削減、再生可能エネルギーへのシフトといった大きな変化が起きています。EUではCO_2削減の具体的な目標を達成できなかった場合に罰金が科されることもあり、世界的にクリーンなエネルギーへの需要が本格化していくでしょう。

そうはいっても、簡単に変革を起こせるわけではありません。たとえば、クリーンなエネルギーとしての太陽光発電や風力発電は、発電力が気候に左右されるため不安定です。電気というインフラが止まることは許されないため、不確実性が高い状況のなかで、需給バランスをうまくコントロールするようなテーマで技術の活用が進んでいくでしょう。

TOPIC 1　デジタルプラント

環境問題や、電力自由化による競争激化などの背景もあり、エネルギー産業全体が変革を余儀なくされています。製造業界とも似ていますが、オフラインにおける設備のデジタル化は、確実に進んでいきます。

IoT技術を活用し、あらゆる設備状況をデジタル化し、リアルタイムで制御。そうすることで、発電効率の最適化や、故障予測による機会損失の最小化を図る。こうした取り組みは必須になるでしょう。

事例

東電関連、火力発電設備にIoTデジタルプラントを導入することで、より効率的な運転・機器の活用・燃料供給管理が可能に

- GEが開発した産業向けIoTプラットフォーム「Predix」を、東京電力フュエル＆パワー社の発電設備に導入
- 発電設備にIoTデジタルプラントを導入することで、プラントの操業状況を可視化し、運転の効率性や最適な保全計画、経営判断の支援をサポート
- 故障が発生する前に予兆を検知し、予防保全につなげることで、プラント稼働率の向上、保全コストの削減を目指す

参考URL

https://www.ge.com/news/press-releases/ 火力発電分野における iot の共同での開発・導入について基本合意

TOPIC 2 スマートハウス

家庭内のエネルギー消費が最適に制御された「スマートハウス」の導入が、進みはじめています。これまで家庭用蓄電池は、主に災害時用として普及してきましたが、いまや住まいのゼロ・エネルギー化を推し進めるために注目されています。

しかし、いままでの家庭用蓄電池は高額であるがゆえに、なかなか浸透が進んでいませんでした。高額なままでは一般普及していかないので、どうにかして原価を安くできないかというテーマでデジタル技術が活用されていくでしょう。

事例

Looop、家庭用蓄電池にAIを活用した充放電機能を搭載することで、容量を軽減し、初期コストを3分の1に

- 太陽光発電設備とあわせて家庭用蓄電池を購入する家庭が増えているが、導入コストが高額という課題があった
- 大容量かつ充放電を手動で切り替えるタイプの他社製の蓄電池に対し、Looop 社の蓄電池は機械学習を利用した充放電を自動で行う AI を搭載
- 容量を軽減し、初期コストを3分の1程度まで抑制することを可能に

参考URL

https://looop.co.jp/smartlife/looop-denchi/

TOPIC 3 ドローンハイウェイ

産業用ドローンの普及に向けた大きな課題は、安全な飛行空間を確保することです。一般的な道などでは、万が一ドローンが落下した際のリスクがともなうからです。安全な飛行空間の候補は少ないですが、そのなかで有力視されているのが、送電線上の空間です。障害物や人の往来が少なく、空の道としての条件をクリアしています。

エネルギー業界では、新しい収益の柱を作るための事業の立ち上げが課題になっています。アイデアを考えるなかで、自社の資産を生かしたアプローチを模索していくと、ヒントが得られるかもしれません。

事例

東京電力が持つ送電鉄塔などを「ドローンハイウェイ」化して、災害対応や警備、物の運送ができるように

- 東京電力ホールディングスとゼンリンは、送電線上をドローンの移動経路として利用する「ドローンハイウェイ構想」を発表
- 東京電力が持つ「送電鉄塔、送電線、変電所、電柱」などのインフラデータと、ゼンリンが開発を進める「空の三次元地図」を組み合わせ、ドローン長距離自立飛行により物流・災害対応・警備などを支援することを目指す
- 埼玉県秩父市にて、ドローン配送サービス「楽天ドローン」と、「ドローンハイウェイ」を利用した片道約3kmの自律飛行に成功

参考URL

https://www4.tepco.co.jp/press/news/2018/1500674_8965.html

TOPIC 4 RPAでの業務のパッケージ化

電力自由化のように、いままでは一定の企業が独占していた業務が自由化されると、さまざまな企業が参入してきます。新規参入する企業は当然のことですが、その業務に関する知見が少ないことが多いでしょう。

そのような企業に向けて、複雑な業務プロセスを自動化するようなサービスを提供するというパターンは昔からよくあります。エネルギー業界で新規事業を模索している企業は、いままで蓄えてきた業務知見を、デジタル上で再現し、それを外販していく事業を検討してみてはいかがでしょうか。

事例

「パネイルクラウド」によって、電力小売事業に必要な一連の業務をクラウド上で支援するサービスを提供

- パネイル社は、次世代エネルギー流通基幹システム「Panair Cloud」を提供
- 電力小売業務は複雑な業務が多く、新規参入した事業者が撤退するケースも
- エクセルでの計算や手作業での業務などを、RPAで自動化することで効率化

参考URL

https://corp.panair.jp/news/20180530

TOPIC 5　点検ロボット

プラントや大規模設備のなかには、あとからIoTセンサーなどを付け加えにくい建物もあると思います。そんな場合に有効なのは、ロボットで点検やセンシングを行うことです。

事前に走行ルートを定めておき、どの場所ではどんな情報を取得しておきたいのかを設定しておけば、人がやっていた点検業務を代替しやすいでしょう。

事例

関西電力、火力発電所における巡視点検を自動化するために、自動走行型のロボットを導入、AIで異常診断を行う

- 火力発電所では、これまで設備の巡視点検を人の五感で実施していたが、点検業務の技術検証が課題になっている
- 関西電力・K4 Digital・関西システムズは、ロボット・AIを活用した巡視点検自動化システムを開発
- 自動走行のロボットが、あらかじめ設定した点検ルートを巡回し、取りつけられている各種センサーで点検に必要なデータを収集可能

参考URL

https://www.kepco.co.jp/corporate/pr/2020/pdf/0825_1j_01.pdf

Food Industry

飲食

デジタル技術を活用できる組織を作れるかが鍵
「飲食」業界のDX事例

代表的な5つのDXトピック

1. モバイルオーダー
2. スマートレジ
3. 客数予測
4. 新しい顧客体験の設計
5. IoT農業

業界のDXトレンド

飲食業界はコロナの影響を最も受けた業界でしょう。いままでの、不特定の客と空間を共有し、対面で料理が運ばれ、会話をしながら食べるという習慣を強制的に変えないといけない状況になりました。

ニューノーマルに対応できるかどうかが、飲食業界での生存を分ける最大のポイントになります。モバイルオーダーやテイクアウト、デリバリーなどを実現するために、デジタル技術を活用できる組織を作ることが必要不可欠になりました。「小さい会社・店舗だからDXを進めなくてもよい」という言い訳は、もはやきかなくなり、すべての事業者がいますぐに取り組むべき状況なのです。

TOPIC 1　モバイルオーダー

コロナによって飲食店に対する、消費者のニーズとして「購入時の接触をできるだけ軽減したい」「お店についたら、すぐに料理を持ち帰りたい」などの感染リスクに関するものが多く出てくるようになりました。このような、消費者ニーズの変化にいち早く対応し、求めているサービスを提供できるかどうかが、企業の成長力に直結してきます。

外部環境の変化による、強制的なシフトチェンジに対応できるような組織・文化を作ることが、経営者には求められます。

事例

マクドナルド、注文から決済までをアプリ上で行うモバイルオーダーアプリを開発し、レジでの待ち時間を短縮

- 日本マクドナルドは、スマホで注文と支払いが可能で、レジでの待ち時間が少なくなる「モバイルオーダー」アプリを導入
- 店舗で注文の列に並ばずスピーディーに商品を受け取れるサービス
- コロナの影響もあり、2020年の9月には、約2800店舗でモバイルオーダーの導入が実施
- また、ウェブ版のモバイルオーダーサービスでは、公式アプリのダウンロードや会員登録の必要がなく、より手軽に利用可能

参考URL

https://www.mcdonalds.co.jp/shop/mobileorder/

TOPIC 2 スマートレジ

飲食の小売店のレジ業務では金銭の授受と、袋詰めの作業を同じ人がやる場合が多いです。そうなると、どうしても衛生的なリスクが存在したり、お客様側の待ち時間が多くなってしまいレジに行列ができてしまうような課題が発生します。

最近のコンビニではセルフレジが設置されたり、商品にタグをつけて商品数を計測するレジを導入するアパレル企業があり、レジ業務に関するデジタル化は、今度も進んでいくでしょう。特に、各業界・業種の固有の事情にあわせて、レジの自動化とPOSシステムのアップデートが加速していくと思います。

事例

ベーカリーのレジにパンの画像認識システムを導入することで、店員の作業が袋詰めのみになり、レジの回転数が向上

- レジ店員はパンの種類、名前、値段、レジの使い方のすべてを暗記しておく必要があった
- 会計と商品の袋詰めに2人の店員が必要でレジ作業に時間を要しており、複数作業によるレジ回転効率の悪さが課題
- レジに画像認識システムを導入することで、商品を画像で判別し会計を自動化
- セルフレジとなったため、レジ店員の研修期間が1カ月から1週間に短縮。レジ店員の作業は袋詰めのみとなりレジの回転率が向上、売り上げ5～10%アップ

参考URL

https://bakeryscan.com/bakeryscan

TOPIC 3　客数予測

「データの活用は大企業しかできない」と思われがちですが、そんなことはありません。データドリブンな経営を実現している中小企業はたくさんあります。

特に、飲食店の経営においては、売り上げ向上と食品ロスの削減が重要なテーマになります。しっかりとデジタル上でデータを保存することで、過去からの傾向を分析し、来店者数を予測、そこから逆算した在庫管理や自動発注システムを構築することで、データ経営を実現することができます。

事例

老舗食堂「ゑびや」は来客者画像などから、次の日の来客者数を予測するシステムを作成し、客単価・売り上げが向上

- 老舗食堂「ゑびや」では、食券の“通し番号”から売れ行きを把握・推測していたが、「思い込み」や「勘違い」が入り混じり不正確な予測となっていた
- お米を切らすと営業が止まるため常に余分に炊いており、食品ロスが多く発生していた
- 画像分析で来客者の表情から満足度を計測し、さまざまな情報と組み合わせて店舗データを可視化・分析するシステムを開発
- 自店で運用した際の来客予測的中率は90% 超。売上高は約5倍に伸び、食品ロスは4分の1に削減した

参考URL

https://www.mie-iot.com/archives/2778

TOPIC 4　新しい顧客体験の設計

人にしかできない業務のなかに「きめ細やかな接客」があります。AIやロボットが普及した世界では、むしろ質の高い「人の接客」というのは競争優位性になるでしょう。人間がより高度な接客ができるようにするための、デジタル技術の活用は今後進んで行くと思います。

たとえば、お客様の名前を覚えておいてくれる、好きな食品を覚えていてくれる、前に話した話題を覚えておいてくれる。こんな体験をすると、お店のファンになってくれる確率も上がるでしょう。このような、より上質な顧客体験を実現するDXを各社が取り入れていくでしょう。

事例

OPPO、顔認証で顧客リストを自動生成しPOSシステムと連携し、データに基づいたマーケティング施策を実施可能に

- 販売店舗への来店顧客のデータリストがなく、リピーターなどのVIP 客の情報を各店員が個別で把握、営業しており非効率であった
- TUPUTECHの画像認識 AIを導入することで既存のPOSシステムを顔認証会計データとリンクさせ、顧客リストの自動作成が可能となった
- リピーターが来店した際に、各店員へのリアルタイム情報共有が可能となり良質な営業へつながった

参考URL

https://www.tuputech.com/case/oppo

TOPIC 5 IoT 農業

農業などの第一次産業でも、DXは進んでいます。この業界は5K（きつい・きたない・かっこわるい・稼げない・結婚できない）などと呼ばれていたりしましたが、デジタル技術の活用によって変革が起きはじめています。

生産者の減少や、休みが取得しにくいなどの現状があるなかで、AIやIoTによる省人化・自動化が求められています。たとえば、牛や豚などの個体にセンサーをつけてデータを蓄積するだけでも、最適な飼育方法や出荷頭数の予測などが可能になるので、デジタル技術が浸透していきやすい領域でもあると思います。

事例

葉色解析サービス「いろは」によって、ドローンにより農作物の育成状態を観察し、作物の状態を見える化

- スカイマティクスは、ドローンや衛星画像を活用した、IoT 時代に適した産業用リモートセンシングサービスを提供する会社
- 農作物の生育状態は、実際に農地を歩き目で確認する必要があり、手間がかかっていた
- ドローンにより農作物の生育状態を空から確認することで、生育状態ムラを効率的に確認可能に
- 結果として、肥料散布を効率的に行えたり、農薬を必要な個所にだけ散布できたりと、効率的な生育管理を実現

参考URL

https://smx-iroha.com/

Communication & Media Industry

通信・メディア

「通信・メディア」業界のDX事例

技術との相性は抜群。独自の強みを提供できるか

業界のDXトレンド

通信業界は比較的ＤＸが進んでいるでしょう。第５世代移動通信システム（５Ｇ）の活用を目的とした実証実験が多く実施されています。今後のデジタル化の余地としては、セキュリティー・ネットワーク監視と、カスタマーサポートの部分だと思います。ネットにつながるデバイスやＩｏＴセンサーが増えることで、セキュリティーリスクが向上するのは明らかでしょう。また、それに比例して問い合わせが増えるので、カスタマーサポートの自動化・省人化も欠かせません。

メディア業界は、当然のことですが、紙を主軸にした価値提供から、オンラインをかけ合わせて独自の強みを提供する変化が必要です。

代表的な５つのDXトピック

1. AIナレーション
2. VRでの新映像体験
3. AIによる監視・モニタリング
4. ビッグデータ活用
5. ニュースの自動要約

TOPIC 1　AIナレーション

日々進化しているAI技術では、より人間に近い文章読み上げができるようになってきました。少し前までは機械的な音声だったものが、Deep Learningなどの技術によって進化を遂げています。それによって、ニュースの読み上げや、イベントでの司会、店舗でのアナウンスなど、さまざまな場面で活用することができます。

もちろん人間が読む行為自体はなくならないものの、緊急時の対応や、ちょっとしたナレーションをAIによって実現するのが当たり前の世界になるのも近いでしょう。

事例

高知さんさんテレビはAIアナウンサー「荒木ゆい」を番組アナウンサーに起用、放送現場の働き方改革を推進

- 従来の番組制作における音入れ作業では、アナウンサーなどの音声収録にかかわる社員の人員確保とスタジオスケジュールの調整が課題
- 文章を音声に変換する「Text to Speech」技術に深層学習を活用することで、一般的なスペックのパソコンでも原稿の入力のみでアナウンス音声を作成可能に
- スケジュール調整が不要になり、社員の拘束時間も削減され、業務効果が大きく向上

参考URL

https://www.sony.jp/professional/ai-announcer/case-study/sunsuntv.html

TOPIC 2　VRでの新映像体験

スポーツ庁はスポーツ産業の市場規模を2025年に15兆円に拡大することを目標にしています。そのような高い成長率を実現するためには、デジタル技術の活用は不可欠です。

コロナの影響もあり、人が1カ所に集まれなくなった以上、オンラインで試合を配信するしか選択肢がありません。スポーツ産業の本質はエンターテインメントであり、ただ試合を配信するだけではなく、より試合を楽しく見られるためのコンテンツや、VRなどの新しいメディア装置での観戦に力を入れていく必要性が高いでしょう。

事例

バスケットボールの試合を、360度のVR映像を5Gで配信することで、臨場感あふれる観戦が可能に

- バスケットボールの試合において最前席は限られており、来場者全員が間近で観戦することができなかった
- コートサイドカメラのライブストリーミング映像を、5Gにより超高速・超低遅延でVRに配信することで、さまざまな角度から選手の動きや試合の様子を視聴体験することが可能に

参考URL

https://www.roadtovr.com/nextvr-to-broadcast-over-20-live-nba-games-this-season-coverage-starts-tonight/

TOPIC 3　AIによる監視・モニタリング

監視業務のDXも進んでいきます。これまで人の目によって監視していた、通信状況管理をAIに任せることによって通信異常の即時発見、アラート発生時の対応手順の即時明確化を行うことができます。

たとえば、通信業界では常にネットワークの異常を監視する必要があります。インフラを止めるわけにはいかないからです。人が働ける時間は限られていますが、機械は24時間稼働できます。人がやるべき業務と、機械がやるべき業務を振り分け、後者をデジタル化していく動きは、より加速していくでしょう。

事例

SoftBank、ネットワーク保守担当の2万サーバーの監視業務にWatsonを導入し、アラート発生からの対応速度が10分の1へ

- 携帯電話ネットワークは24時間365日動き続けなければならないため、アラートが発生した場合、たとえ深夜でも担当者が出勤して対応していた
- 平均して1カ月に11回程度出勤しており、担当者の対応時間を減らすことが課題
- Watsonの自然言語分類を導入し、アラートをスコア化し順位付けし、課題に対応する解決手順を提示できるように
- 従来は人の手によって対応まで23分、AI 導入後は2.5分となり約10分の1の時間にできた

参考URL

https://www.ibm.com/think/jp-ja/business/watson-summit-2017-day-1-general-session-report-1

TOPIC 4　ビッグデータ活用

通信会社が保有している通信情報は、希少性が高いデータであり活用の余地が十分にあります。

たとえば、どんな属性の人が、どんな場所に、どのくらいの人数規模でいるのか、というデータがリアルタイムで集計できれば、渋滞の予測や店舗の売り上げ予測、マーケティングへの活用などができるでしょう。

もちろん、個人情報やプライバシーに気をつける必要がありますが、秘匿化・暗号化の技術も進歩しているので、新しいサービス開発につなげられる余地が大きいと思います。

事例

NEXCO東日本がドコモの「モバイル空間統計」を活用し、東京湾アクアラインの渋滞をAIで予測

- 夕方から夜にかけて東京湾アクアラインの渋滞が頻発してしまうため、利用者の満足度が伸び悩んでいることが課題
- 房総半島における人口分布をAIに機械学習させ、昼の人口分布から夕方の渋滞を予測するAIを構築
- 従来の「渋滞予報カレンダー」と比較すると、10km 以上の渋滞の見逃し率は6%→1%、15km以上では2%→0%に改善

参考URL

https://www.e-nexco.co.jp/pressroom/head_office/2017/1130/00006785.html

TOPIC 5　ニュースの自動要約

新聞社では紙媒体に加え、SNSでの配信やWeb記事の配信が主流になってきています。即時性のある情報伝達のためには、可能な限り業務を効率化し、リリースまでのスピードを短縮することが求められます。

そのなかでも特に「見出しの作成」と「情報や記事の要約」の作業は、人の工数がかかり、スピードが遅くなるボトルネックでもありました。いままでは精度が低かった「言語」に関するデジタル化が、近年の自然言語処理技術の向上によって、より加速していくのは間違いありません。

事例

信濃毎日新聞社が富士通研究所と共同で、ネット発信する記事を自動要約するAIを開発

- ニュースのネット配信では、記事を要約する過程で重要な部分を人が見て判断する必要があり、時間がかかっていた
- 自然言語処理技術と機械学習を導入することで、それぞれの文に点数をつけて重要度を評価し、高い精度で要約文章を作成可能に
- 1件につき3〜5分かかっていた記事の要約を、瞬時に終わらせることができるようになった

参考URL

https://blog.global.fujitsu.com/jp/2018-03-28/01/

Medical & Pharmaceutical Industry

医療・製薬

コロナ禍で一気にDXが加速

「医療・製薬」業界のDX事例

代表的な5つのDXトピック

1. オンライン診療
2. 音声入力
3. 患者情報の活用
4. 化合物シミュレーション
5. AIによる画像診断

業界のDXトレンド

このまま少子高齢化が進むと、医療や介護を必要とする人数に対して、医者や看護師などの医療従事者の不足はより深刻化していくでしょう。業務の省人化・自動化による効率化はもちろんのこと、医療従事者がより働きやすくなるような環境整備は急務です。

また、コロナによって製薬業界の働き方も変わりました。いままではMRと呼ばれる医薬情報担当者が病院に訪問して営業をしていましたが、直接訪問ではなくZoomでの面談になり、営業活動のオンライン化を余儀なくされました。いずれの業界も、いままでなかなか進まなかったDXによる働き方改革が加速していくのは間違いないでしょう。

TOPIC 1　オンライン診療

いままでは、スマートフォンなどを用いたオンライン診療は存在していたものの、あまり普及しているとはいえない状況でした。しかしコロナによって、対面診断のために病院を訪れることによる感染リスクの問題が発生し、一気に風向きが変わろうとしています。

そもそも、定期的にもらいに行くような薬であれば、わざわざ病院まで足を運ぶのは非効率だと思います。顧客視点で「どんな体験が一番理想的なのか？」から逆算したサービスが、医療の領域でも出てくることが期待されます。

事例

ビデオ通話機能を活用して、医療機関に対面で診察を受けに行かなくても医師の診察が受けられるオンライン診療アプリ「CLINICS」

- 病院やクリニックへの来院に関しては、病院に行く時間がとれない、待ち時間が長い、院内感染を防ぎたいなどの課題がある
- メドレー社はオンライン診療・服薬指導アプリ「CLINICS」をリリース
- オンライン診療とは、スマートフォンやタブレットなどを用いて、病院の予約から決済までをインターネット上で行う診察・治療方法
- 新型コロナウイルス感染症対策時限措置として、初診からオンライン診療を受けることが可能にもなった

参考URL

https://clinics.medley.life/

TOPIC 2　音声入力

医師が一番注力すべき仕事は、患者とのコミュニケーションだと思います。そこに力を注ぐために、それ以外の業務は極力減らしたり、デジタル化による効率化が求められます。そのなかの主要な業務に、医療文章などの入力業務があります。いままでは直接入力していたものを、音声入力のような形でサポートできると、とても楽になります。

また、このようなサービスは医療以外の、介護や保育現場でも同様に活用ができるでしょう。

事例

カルテや紹介状などを「AmiVoice」を使って音声入力することで、医療従事者の負担を削減

- 医療従事者がパソコン操作に慣れていない等の問題もあり、カルテや紹介状を書く際にどうしても時間がかかってしまい、お客様を待たせてしまうのが課題に
- AmiVoiceは、アドバンスト・メディア社が開発した音声認識アプリ。このサービスを用いることで、音声入力で簡単にカルテや紹介状など医療記録を取れる
- カルテや紹介状などをAmiVoiceを使って音声入力することで、記入の時間を短縮することが可能
- 音声入力だけで作成した服薬指導文の作成スピードが約66%向上

参考URL

https://www.advanced-media.co.jp/products/service/amivoice-ex7

TOPIC 3　患者情報の活用

他の業界では「顧客情報の活用」が進んでいるものの、医療・製薬業界での顧客情報活用は遅れているのが現状でしょう。病院間での顧客情報の共有や、個人のヘルスケアデータの活用、処方・調剤情報のデジタル化など、多くのテーマでDXの余地が残されています。

機密性の高い情報を扱うことになるので、セキュリティー面の対策は必須ですが、DXによって患者に対するよりよい体験を提供できることは間違いないので、各機関が取り組みを本格化することが求められています。

事例

エーザイ、未病・周辺領域情報を統合的に収集し分析することで、製品戦略やさまざまなサービスへ応用可能に

- 認知症の症状が顕在化し、来院して初めて患者・疾患情報を収集できるので、事前の兆候・患者の生活習慣等周辺情報を得られず、情報共有が課題に
- 認知症セルフチェックツール、高齢者見守りなどを活用し、疾患後だけでない未病・周辺領域情報を統合的に収集
- 上記を分析・活用し、革新的医薬品、予防・予後関連製品、保険製品、指導サービス等の開発へ生かす

参考URL

http://www.in-report.jp/library/pdf/4523_2019.pdf

TOPIC 4　化合物シミュレーション

AIが価値を発揮できるテーマの1つに、大量のシミュレーションでの探索があります。特に創薬プロセスはAIの強みとの親和性が高いです。人が、1つひとつ実験していくのには、当然ながら限界があります。さまざまな条件やデータをもとに、あらゆる組み合わせを探索し、条件に合致するものを機械で計算します。

このようなデジタル化の推進によって、研究者の仕事内容も大きく変化していくでしょう。

事例

Atomwise、実際に活性評価をしなくても、ビッグデータを活用することで、理想的な化合物をデザイン・シュミレーション

- 従来は、膨大な化合物を、人の手を介して1つずつ合成し総当たりで評価していたため、1日にせいぜい数千個程度のスクリーニングしかできなかった
- タンパク、化学、活性相関、疾患情報、薬効・副作用情報等あらゆる情報をAIが分析し、理想的化合物をデザイン
- デザインした化合物をシステム上でシミュレーションすることで、1日で数千万〜数億の化合物をスクリーニング可能に

参考URL

https://www.atomwise.com/

TOPIC 5　AIによる画像診断

シミュレーション以外にも、特にAIが活用できるテーマとして画像認識があります。近年のAIによる画像診断の精度向上により、数年以内には医師よりもAIのほうが高精度での診断が可能になるともいわれています。

今後は、医師の能力をAIが補完するような形で、総合的に見落としや誤診がないように、医療の品質を高めていくような動きが進んでいくでしょう。

事例

田辺三菱とMathWorksは、これまで研究・臨床試験で莫大な時間割合を占めていた画像解析をAIによる自動化で大幅に効率化

- 画像取得、画像確認、解析のすべてを人の手で行っているため、最大12時間かかり、ヒューマンエラーや人の違いによるデータのブレが顕著だった
- 田辺三菱製薬は、MATLABを使って生物学的データの解析アルゴリズムを開発
- 画像取得自動化に加え、画像確認・解析、統計解析までをAIに任せることによって解析時間は12時間から、2.5時間へと短縮し、ヒューマンエラーを回避

参考URL

https://jp.mathworks.com/company/user_stories/mitsubishi-tanabe-pharma-develops-data-analysis-tools-to-speed-drug-discovery.html

おわりに

ゼロから付き合える「DXパートナー企業」を目指して

DXに限らず、あらゆる変革には法則があると思っています。それは、**いつの時代でも「変革は若者からはじまる」**ということです。260年以上も続いた江戸時代が終わり、新しい時代を迎える転機となった、明治維新。それをきっかけに、日本は欧米諸国と肩を並べる大国に変革できたともいわれています。そんな変革を成し遂げた西郷隆盛、大久保利通、坂本龍馬……彼らは皆、20~30代の若者でした。

2017年に私が株式会社STANDARDを共同創業したときの年齢は、21歳でした。共同創業者も22歳です。設立から3年半経ったいまでは、取引社数は480社以上、そのなかに東証一部上場企業は80社以上も含まれています。

設立まもない会社、創業者は20代。このような会社が、多くの企業のDXをご支援させていただいています。それは「変革は若者からはじまる」ということを、日本の大企業が感じているからだと思っています。私たちは、その期待に120%答える義務があります。

コロナによるDXの加速は、千載一遇のチャンスです。**歴史を振り返ってみても、日本という国は外圧によって変革するという特徴を持った国なのです。**

1853年、マシュー・ペリー率いるアメリカ海軍東インド艦隊の4隻が浦賀沖に姿を現しました。その黒船は、誰も見たこともない、最新鋭の蒸気機関を搭載した帆船軍艦でした。黒船という外圧によって、日本は開国をし、大きな転換点を迎えました。

また、戦後も同様です。焼け野原で、何もかもなくなった時代から、パナソニック、ソニー、トヨタ、セイコーなど、世界的な企業が多く生まれました。

今回は、コロナという外圧によって、DXが一気に加速する兆しが見えはじめました。日本は本当にまずい状況になってからの追い上げ力が強い国です。現在のデジタル技術の活用においても、すでに海外との差をつけられてしまっていますが、日本においてはいつものこと。本当の勝負はまさにこれからです。

とはいっても、DXを成功させるのは容易ではありません。しかし、**社員1人ひとりが、**

顧客への価値提供を本気で考え、実際の行動に移す取り組みが、組織を変え、会社を変えていくことは確かです。それができなければ、淘汰《とうた》されていくだけです。最後のチャンスを与えられているのだと思います。猶予時間はせいぜい5年といったところでしょう。

いま、企業が生き残るためには、**現場の課題とデジタル技術を結びつけて課題解決できるような「ビジネスサイドのＤＸ人材」が必要不可欠なのです。**

本書で紹介したように、**ＤＸとは「デジタル技術を活用して顧客に付加価値を与えられる組織・文化を創り続けること」**です。顧客に対し付加価値を与えることは、組織やその構成員全体に求められている究極の目的でしょう。

この目的を達成するための手段としてＤＸが存在します。つまり、ＤＸに関する知識を全社員が身に着けることが、顧客に対する付加価値の総和を増やすことにつながるのです。

そして「組織・文化を創り続ける」ためには、個人単体ではなく会社全体でデジタル技術に対して親和性を上げていく必要があります。要するに、**全社員が継続してＤＸリテラシーを高める努力をしなければならないし、それを全面的に支援する制度や仕組みがなければならないというわけです。**

私たちＳＴＡＮＤＡＲＤでは人材育成に限らず、各企業のＤＸ推進を個別にサポートするためのサービスを多く取りそろえています。それぞれの会社で持っているお悩みは多種多様ですが、どんな状況であっても、ゼロから寄り添ったＤＸのご支援ができる体制が整っています。少しでもＤＸ推進にお困りの方は、ぜひお気軽にご相談ください。

私たちがこのようなチャレンジができているのも、ミッションに共感して力を貸してくれている社員、かかわっていただいているすべての方々のおかげです。この場を借りて、かかわっていただいたすべての皆様に、心より御礼申し上げます。

最後のチャンスを生かせるかは、あなたの行動にかかっています。経営者や管理職の方であれば、すぐにこの本を会社の若手にわたしてみてください。20～30代の方は、積極的にＤＸを進めてみてください。小さな1歩でもかまいません。

未来の人が、歴史を振り返ったときに、令和がターニングポイントだったとなるように。

この本を戦いの武器として活用し、令和の維新を一緒に進めていきましょう。

2021年4月

株式会社STANDARD　代表取締役CTO　鶴岡友也

参考文献

DXへの理解をより深めたい方に、以下の書籍をおすすめします。本書の考えの土台となっている書籍を読むことで、本質的なDXに一歩近づくことができると思います。

ビジネスサイドとテクノロジーサイドの書籍を分けているので、自分の知識が少ないほうを重点的に読むと効果的です。

■ビジネスサイド

・『イシューからはじめよ――知的生産の「シンプルな本質」』安宅和人、英治出版（2010）
・『経営者になるためのノート』柳井正、PHP研究所（2015）
・『リーン・スタートアップ　ムダのない起業プロセスでイノベーションを生みだす』エリック・リース、日経BP（2012）
・『ニュータイプの時代』山口周、ダイヤモンド社（2019）
・『業務改革の教科書――成功率9割のプロが教える全ノウハウ』白川 克・榊巻亮、日本経済新聞出版（2013）
・『マーケティングとは「組織革命」である。』森岡毅、日経BP（2018）

■テクノロジーサイド

・『アフターデジタル　オフラインのない時代に生き残る』藤井保文・尾原和啓、日経BP（2019）
・『デジタル時代のイノベーション戦略』内山悟志、技術評論社（2019）
・『データレバレッジ経営 デジタルトランスフォーメーションの現実解』ベイカレント・コンサルティング、日経BP（2019）
・『シン・ニホン AI×データ時代における日本の再生と人材育成』安宅和人、ニューズピックス（2020）
・『文系AI人材になる－統計・プログラム知識は不要』野口竜司、東洋経済新報社（2019）
・『企業ITに人工知能を生かす AIシステム構築実践ノウハウ』アビームコンサルティング、日経BP（2019）

石井 大智（いしい・だいち）

株式会社 STANDARD 代表取締役 CEO。早稲田大学在学時より、製造業の効率化のための統計解析を学ぶ。東大生のメンバーとともに東大人工知能開発学生団体 HAIT Lab を設立し、学生 AI エンジニア 600人の集まるプラットフォームに育てる。AI エンジニアとして 医療用 AI の開発業務を複数社で経験し、現職。

鶴岡 友也（つるおか・ともや）

株式会社 STANDARD 代表取締役 CTO。1996年生まれ。明治大学では情報科学を専攻。大学在籍中から、AI エンジニアのフリーランスとして複数の開発案件に携わる。複数の立ち上げ初期スタートアップで事業開発に従事し、0→1の立ち上げ経験を積む。東大人工知能開発学生団体 HAIT Lab の運営を通じながら、株式会社 STANDARD を共同創業。各産業の DX 推進支援や DX リテラシー講座の作成、グループ会社の設立などに従事。

デジタル技術《ぎじゅつ》で、新《あら》たな価値《かち》を生《う》み出《だ》す
DX人材《じんざい》の教科書《きょうかしょ》

2021年 4月 30日　第 1刷発行
2021年 7月 30日　第 2刷発行

著　者　石井大智　鶴岡友也

発行者　三宮博信

発行所　朝日新聞出版
〒 104-8011 東京都中央区築地 5-3-2
電話　03-5541-8832（編集）　03-5540-7793（販売）

印刷所　大日本印刷株式会社

・定価はカバーに表示してあります。
・本書掲載の文章・図版の無断複製・転載を禁じます。
・落丁・乱丁の場合は弊社業務部（☎ 03-5540-7800）へご連絡ください。
・送料弊社負担にてお取り換えいたします。

Published in Japan by Asahi Shimbun Publications Inc.
ISBN 978-4-02-251754-8